20 ANS DE GROSSES TÊTES

PRÉSENTÉS PAR PHILIPPE BOUVARD

DU MÊME AUTEUR
CHEZ POCKET

LES PENSÉES

JÉRÉMIE GAZEAU

20 ANS DE GROSSES TÊTES PRÉSENTÉS PAR PHILIPPE BOUVARD

rires
sourires
délires

LE CHERCHE MIDI ÉDITEUR

ISBN : 2-266-08211-6

EN GUISE DE PRÉSENTATION

Il faut généralement attendre deux décennies pour fêter le vingtième anniversaire d'une émission de radio. C'est dire que l'événement n'est pas courant surtout s'il s'agit d'une « quotidienne ».

Jusqu'à présent je n'avais jamais eu le loisir de réfléchir aux raisons du succès des *Grosses Têtes*. Je m'en réjouissais sans chercher plus loin. Aujourd'hui, j'en arrive à penser que la « session-phare » de RTL a bénéficié de deux atouts primordiaux : un besoin de franche rigolade exprimé par les *chers-z-auditeurs* et la propension des participants à rire les premiers de leurs facéties. Tout le reste est littérature de rubricard médiatique, jus de crâne de technocrate ou insomnie de sociologue. Dans une économie de marché, la gaieté se trouve, elle aussi, régie par la loi de l'offre et de la demande. Comme certains microbes, le rire ne doit son efficacité qu'à son pouvoir de contagion et à ce que les atomistes nomment « l'effet de chaîne ». Une émission hilarante ne parvient à s'imposer que si elle déride tout le monde : ceux qui la font, ceux qui l'enregistrent, ceux qui la montent, ceux qui la commandent et — naturellement — ceux qui l'écoutent.

Il n'était pas facile d'enquêter pour déterminer comment la bombe comique avait éclaté et combien de braves gens l'onde de choc avait touchés, de tirer la quintessence drolatique d'une aventure prolongée sous quatre septennats, durant des milliers d'heures d'antenne, et mobilisant des centaines de personnalités venues d'horizons souvent différents mais sacrifiant toutes à la bonne humeur et à la convivialité. Je me dois donc de saluer la performance de Jérémie Gazeau, jeune Rouletabille parti à la recherche des secrets d'une institution radiophonique, qui a écouté toutes nos fariboles depuis le début, questionné des dizaines de témoins et rédigé notre saga d'une plume alerte, devenant ainsi l'Hérodote des *Grosses Têtes*, l'auteur auquel il faudra se référer lorsque, plus tard, beaucoup plus tard, on s'avisera que nous avons, à notre façon, témoigné sur notre époque et que nos petites histoires se confondaient parfois avec la grande Histoire de cette fin de siècle et de millénaire.

En revivant tous ces bons moments passés ensemble, je me suis aperçu avec un plaisir que j'aurais mauvaise grâce à dissimuler que le parlé faisait fort bon ménage avec l'écrit, que j'avais été le spectateur privilégié de joutes humoristiques mémorables et qu'il convenait de remercier à la fois ceux qui avaient fait preuve de beaucoup d'esprit, ceux qui avaient accepté qu'on en fît à leurs dépens, ceux qui, dans le grand studio de la rue Bayard, avaient ri à nos propos, créant ainsi une ambiance à nulle autre pareille sur les ondes, les techniciens qui avaient assuré l'enregistrement et le montage de nos divagations ainsi que les deux grandes stations — RTL de fondation puis TF1 — qui en avaient assuré la diffusion.

Quand l'émission a commencé, je pensais qu'elle ne tiendrait que quelques mois, puis j'ai estimé qu'elle était partie pour plusieurs années. Le dixième anniversaire m'a néanmoins agréablement surpris. Mais, jamais au grand jamais je n'aurais imaginé que *Les Grosses Têtes* seraient encore sur RTL vingt ans après leur naissance et qu'entre-temps elles trouveraient sur TF1 jusqu'à douze millions de téléspectateurs en une seule soirée. À ce point-là aucun pronostic n'est plus possible. Tout ce que je puis dire c'est que le plus gros est fait. Pour moi en tout cas.

PHILIPPE BOUVARD

UNE DRÔLE D'HISTOIRE

Lorsque la légende est plus belle que l'histoire, on imprime la légende. Nul besoin de faire mentir l'histoire pourtant : *Les Grosses Têtes* sont bel et bien nées un 1er avril. Pouvait-on souhaiter meilleur augure à l'émission ?

Tous les auteurs de pièces de boulevard le disent : on ne reconnaît plus son œuvre lorsqu'elle a tenu plus d'un an l'affiche. Les comédiens, influencés par les rires, les flottements et les silences du public, ont, de représentation en représentation, retravaillé le rythme, parfois les dialogues et même, ultime trahison pour son géniteur, l'enchaînement des actes et scènes de la pièce. Il aurait été hasardeux de parier en 1977 que la formule alors mise en place par les initiateurs des *Grosses Têtes* resterait inchangée vingt ans plus tard. C'est peut-être un des secrets de la pérennité du succès de l'émission que d'avoir, très tôt, tenu compte de l'impossibilité de conserver le même moule pour chaque enregistrement. Même le maître d'école le plus vigilant ne peut tenir sous sa coupe une classe de bons élèves sans quelques atteintes à la discipline. *A fortiori*, quand le maître recrute volontiers des cancres, les mêle aux bons élèves et distribue à tous des sarbacanes, c'est qu'il souhaite que le contrôle de la situation lui échappe... À moins qu'en bon politique, il ait abandonné tout espoir de réprimer l'irrépressible et n'ait décidé d'accompagner, pour mieux les contrôler, les crises de croissance de sa classe.

C'est de cette envie de distraire que sont nées vingt années de franche rigolade offerte, sept fois par semaine, douze mois sur douze à la France entière. Deux décennies ; autant dire deux générations actuelles. Aux auditeurs de la première heure comme à ceux qui ont pris le train en route, il n'était pas inutile de proposer cette petite histoire de l'émission la plus célèbre de France, de leur en rappeler les moments les plus savoureux. Le besoin se faisait aussi sentir de faire revivre, le temps d'un livre, la mémoire des *Grosses Têtes* qui, tels Thierry Le Luron, Alice Sapritch ou Léon Zitrone, ont apporté leur gaieté et leurs multiples talents à cette émission avant de nous quitter. Si le lecteur rit à nouveau en lisant les propos de ces chers disparus, il leur rendra un hommage mérité.

« Quels sont les ancêtres des *Grosses Têtes* ? » La question mériterait d'être posée aux principales intéressées. Celles qui savent se tairaient probablement, pour le seul plaisir de laisser les autres proposer les réponses les plus farfelues. Jean Yanne, au mépris de toute vérité historique, soutiendrait, avec une assurance inébranlable, que le général de Gaulle avait lui-même animé une émission originale sur les ondes de Radio Londres et accorderait à Jean Moulin et à André Malraux le titre de *Premières Grosses Têtes de l'Histoire*. Jacques Martin citerait quelques obscurs passages des Évangiles prouvant que les apôtres sont les authentiques précurseurs du genre. On rirait beaucoup, jusqu'à ce que la véritable réponse soit donnée, après quoi, bien sûr, on rirait encore.

C'était dans les années trente, sur les ondes de Radio Cité. Ils étaient chansonniers, animateurs, journalistes, écrivains ou autres professionnels de la culture et du spectacle, s'appelaient *Les Incollables* et se réunissaient sous la houlette de Claude Dauphin pour répondre aux questions envoyées par les auditeurs. Parmi eux, Maurice Diamant-Berger et Henry Kubnik qui, entre deux tentatives sérieuses pour répondre aux énigmes, réussissaient à placer quelques réflexions comiques dans les limites imposées par les mœurs de l'époque. Car la censure guettait, et les ondes d'avant-guerre ont connu beaucoup d'exemples de procès pour « atteintes aux bonnes mœurs ». *Les Incollables* prenaient donc garde de ne pas déraper. L'Occupation survient et les autorités allemandes s'empressent d'interdire ce petit espace de subversion. Le rire n'a jamais fait bon ménage avec les dictatures.

Mais la formule est restée dans les mémoires. Elle renaît en 1949, et rameute vers les studios, toujours sous le patronage de Claude Dauphin, diverses personnalités dont Marcel Aboulker, Robert Beauvais, Gilbert Cesbron et Roger Charles, pour un baroud d'honneur qui durera cinq ans.

Ce second décès des *Incollables*, définitif, a laissé des regrets dans la mémoire des auditeurs et des professionnels de la radio. Les bonnes idées ne meurent jamais, il suffit qu'elles soient reprises et adaptées au goût du jour. Il faut attendre 1977 pour que Jean Farran, directeur de RTL, décide de ressusciter la formule, autant par flair que sous la pression des nostalgiques. Il ne reste plus qu'à trouver un animateur assez téméraire pour reprendre l'héritage de Claude Dauphin.

Jean Farran sait trouver les mots pour convaincre :

— J'ai pensé à vous, mon cher Bouvard. Ne vous en faites pas. On lance ça un 1er avril et si on voit que c'est un fiasco, on arrêtera, on dira que c'était une blague et on n'en reparlera jamais plus.

Celui qui, vingt ans après s'être décidé à tenter l'aventure sur la foi de cet étrange argument, anime encore l'émission, reconnaît volontiers que l'entreprise ne l'emballait pas outre mesure. Allait-on réussir à fidéliser un public avec une formule qui avait justement beaucoup servi ? Trop servi ? Malgré des réticences compréhensibles, il accepte de coopérer. L'enregistrement a lieu un 1er avril. Robert Beauvais, ancien des *Incollables*, est invité en compagnie de Roger Peyrefitte et de Jacques Martin. Les questions purement culturelles sont mêlées à d'autres plus insidieuses... Roger Peyrefitte et Robert Beauvais, qui ne s'attendaient pas à cela, sont un peu désarçonnés. Seul Jacques Martin est à l'aise et plaisante déjà. Malheureusement, ce jour-là, en l'absence de tout public, les seules personnes à profiter de sa bonne humeur sont les techniciens du studio.

Les auditeurs, eux, tendent une oreille intéressée à ces débuts prometteurs. Les émissions suivantes restent de haute tenue, la culture y occupant la première place : des invités prestigieux tels que Maurice Schumann, Jean d'Ormesson, Maurice Rheims, Pierre Sabbagh et bien sûr Jean Dutourd en sont les garants. Quelques saltimbanques parmi lesquels, outre Jacques Martin, Claude Piéplu et Francis Perrin, viennent entrecouper les questions et les réponses avec de petites digressions et des anecdotes plaisantes. Mais il manque encore quelque chose. Le lecteur aura compris que la grande affaire, le grand tournant, ce qui a fait que l'émission a franchi le premier pas vers la bonne humeur, c'est l'admission, en juillet 1977, des spectateurs dans les studios : ces derniers n'y sont toutefois pas entrés avec l'assurance de parents d'élèves qui ont leur mot à dire sur le contenu du programme. Mais avec cette audience, désormais physiquement présente et non plus lointaine et théorique, les participants et l'animateur ont bénéficié *en temps réel* de toute une gamme de réactions instructives. Certains numéros, certains leitmotive auraient-ils pu s'installer si les rires du public n'avaient pas été là pour encourager, par exemple, Sim à poursuivre sur la voie de l'imitation vocale d'un train, ou encore Jacques Martin à surenchérir en demandes de précisions oiseuses visant moins à cerner le problème posé qu'à éloigner de sa solution les autres participants ? Rien n'est moins sûr. Quand la mayonnaise a pris, il ne faut pas mollir et les invités, qu'ils soient rompus aux disciplines du café-théâtre ou à celles d'illustres académies, devinant que ce qui a plu une fois déjà plaira encore, ont, au fil des mois, échafaudé des personnages, des rôles, des numéros, des morceaux de bravoure. Pourquoi s'en priver?

Pour soutenir cette révolution plébiscitée par le public, encore fallait-il se libérer d'un vieux reste de « bon goût », de civilité puérile et honnête. Pour que l'émission atteigne son rythme, sa vitesse de croisière, il fallait encourager la naissance puis l'épanouissement d'une certaine truculence. De française, elle devait donc devenir gauloise. Jean Farran donne son accord. Afin de négocier ce virage, les questions sont, de mois en mois, par petites retouches successives, insensiblement modifiées, calibrées. Se sentant orientés vers une direction toujours plus grivoise, les invités, comiques et « culturels » confondus, jouent le jeu. Quelques audaces surgissent qui, rétrospectivement, semblent aujourd'hui bien innocentes.

« Est-ce que c'est sexuel? » Dans la bouche de Jean Lefebvre, cette interrogation sera, pendant des années, l'entrée en matière incontournable de chacune de ses (vaines) tentatives pour apporter une réponse. Jean Dutourd ajoute peu à peu à son statut de Pic de la Mirandole radiophonique, le visage plus souriant du lettré qui s'est autorisé quelques escapades vers les enfers des bibliothèques; lorsqu'on le questionne sur la signification du mot « bordeau » au Moyen Âge, il ne se contente pas de répondre qu'il s'agit d'une maison close, mais cite, en guise d'illustration, quelques vers de l'époque se rapportant au sujet. Roger Carel, à chaque question relative aux mœurs étrangères, gratifie l'assistance de ses imitations d'accents venus des quatre coins du monde. L'émulation, le plaisir surtout, poussent chacun à se déboutonner davantage à chaque émission. Bref, le tournant essentiel a été pris et le courrier des auditeurs, quelques grincheux mis à part, vient témoigner de l'assentiment d'une France amoureuse de l'humour. L'âge d'or des *Grosses Têtes* commence.

DUTOURD - BALUTIN : QUI-SAIT-TOUT ET GROS BÊTA

« Il est d'une agilité remarquable pour sauter de branche en branche dans l'arbre de la culture. » L'auteur de ce compliment est Jean Dutourd, le complimenté, Jacques Balutin. L'admiration avouée de l'académicien pour le comédien ne doit pas surprendre : si Dutourd, présent dès la toute première émission, est resté jusqu'à ce jour le recordman inégalé du nombre de bonnes réponses données par une *Grosse Tête*, il n'empêche qu'en de très nombreuses occasions la culture encyclopédique de l'académicien a échoué là où le gros bon sens, la perspicacité et le flair de Balutin ont touché juste.

Un drôle de personnage ce Balutin. Arrivé en septembre 1977, il mérite, comme Dutourd, le titre de père fondateur de l'émission. L'individu n'est pas inculte, loin de là. Il a roulé sa bosse sur toutes les planches de France et de Navarre. Un comique populaire, mi-acrobate mi-cyclotouriste, virtuose du calembour et mime à ses heures. Mais plus que tout, c'est un autodidacte doté d'une mémoire d'éléphant. Un multicarte à qui, c'est un exemple parmi une infinité d'autres, un goût prononcé pour le bricolage permet de répondre que le meilleur moyen d'éviter d'avoir des araignées sur son plafond est de le construire en bois de châtaignier. Son arme la plus sûre est son instinct, une sorte de sixième sens qui lui fait trouver, comme par magie, la réponse. Pour ceux qui douteraient encore, en voici l'illustration.

La question qui ouvre l'émission ce jour-là à RTL est d'ordre théologique, domaine à première vue étranger aux saltimbanques. Il s'agit de savoir, comme le demande M. Meyer de Bouxières aux Chênes, en quoi le Coran diverge de la Bible au sujet de la naissance du Christ. Balutin, André Gaillard, Roger Carel et Paul Guth pataugent un peu. De précieuses minutes s'écoulent sans que rien ne se passe. Balutin prédit l'échec :

— Attention... attention... on ne va tout de même pas filer cinquante sacs à M. Meyer de... de où déjà?

— De Bouxières aux Chênes.

Intuition? Les yeux de l'acteur s'écarquillent, il soumet une proposition concernant le lieu de naissance du petit Jésus selon l'Islam :

— Il est né dans un chêne?

— Non, mais vous brûlez.

André Gaillard croit se souvenir :

— Il est né en Égypte?

— Exact.

Reste à trouver où, en Égypte. Dans un palais peut-être, propose Carel. Ce n'est pas la bonne réponse. Paul Guth, toujours tenté de faire étalage de sa culture, intervient hors de propos :

— En Haute-Égypte, la tradition voulait que...

Il est, malheureusement pour lui et pour M. Meyer, coupé dans son envolée :

— Ce n'est pas en Haute-Égypte, mais le Coran fait naître l'enfant Jésus *haut* sur la terre d'Égypte. M. Carel, vous y étiez presque tout à l'heure quand vous disiez dans un palais.

On brûle. La cervelle de Balutin se met à bouillir et se livre à un assemblage d'éléments divers : palais plus chêne plus Égypte égale ? Un éclair ; il a trouvé, il explose :

— Dans un palmier !!!

— Bonne réponse de Jacques Balutin. On l'applaudit très fort.

Il salue le public et lève les deux mains réunies comme le ferait un sportif après avoir gagné un match. Les autres invités n'en reviennent pas. Comment a-t-il fait pour trouver ? Comment des associations d'idées aussi tortueuses peuvent-elles, finalement, aboutir ? Modeste, Balutin termine sur une pirouette :

— Je peux vous dire qu'il s'agit d'un palmier mais je suis incapable de vous donner la *datte*...

Un jour qu'on lui demandait comment diable il faisait pour répondre avec autant d'habileté à des questions aussi difficiles, Jacques Balutin eut cette réponse en forme d'hommage :

— Vous savez, on ne peut pas serrer la main de M. Dutourd pendant six mois sans devenir un petit peu érudit...

« Jeannot-la-Coupole », surnom dont Balutin est l'auteur,

est resté depuis ses débuts LA référence culturelle de l'émission. Un statut que l'intéressé assume parfaitement :

— Grâce aux *Grosses Têtes*, je suis devenu beaucoup plus connu que je ne l'avais été en trente ans d'exercice de la littérature. C'est amusant de penser que je dois à cette émission une célébrité plus grande que celle que m'a apportée la publication de plusieurs dizaines de volumes.

Les auditeurs qui ont suivi l'émission depuis l'origine ont remarqué que ce duo Balutin-Dutourd, si hétéroclite en apparence, fonctionne à merveille. Et que, comme dans tous les couples, avec le temps, chacun a transmis à l'autre une partie de ses caractéristiques propres : Balutin avoue, comme on l'a vu plus haut, s'être beaucoup cultivé au contact de l'académicien et Dutourd, de son côté, s'est peu à peu adonné aux joies du calembour, de l'histoire drôle et de la chanson de corps de garde. Au point d'avoir un jour surpris son monde en répondant, sur un ton pensif et ému, à une question portant sur les conditions exigées pour entrer à l'école de danse de l'Opéra :

— Avoir un petit derrière tout rond.

Au point aussi de chanter *La petite Émilie n'a plus de poils au cul* , et d'en avoir fait son hymne personnel. Peu de pays au monde peuvent s'enorgueillir d'avoir donné le jour à une sommité littéraire capable d'entonner :

La petite Émilie m'avait bien promis
Trois poils de son cul pour faire un tapis.
Les poils sont tombés, l'tapis est foutu
La petite Émilie n'a plus de poils au cul.

Preuve qu'on peut savoir tout sur tout et être capable de ne pas se prendre au sérieux.

Il faut rappeler qu'à l'époque de ses premières grivoiseries sur l'antenne de RTL, Jean Dutourd n'était pas encore académicien. Ce n'est qu'en 1978 qu'il a posé sa candidature, accueillie avec bienveillance par la plupart des Immortels. Il s'en trouva néanmoins quelques-uns pour lui faire savoir que briguer un fauteuil sous la noble Coupole du quai Conti n'était pas compatible avec ces élucubrations radiophoniques, et pour lui faire comprendre qu'il lui fallait choisir entre RTL et l'habit vert. Refusant le marché, Dutourd ne voulut pas se désolidariser de ses petits camarades de jeux. Et il fut élu. Ce jour-là, ce sont un peu toutes les *Grosses Têtes* qui entrèrent avec lui à l'Académie.

SAPRITCH - LE LURON : L'AMOUR VACHE

« Alice je compose ton personnage, toi tu te décomposes. » Entre Thierry Le Luron et Alice Sapritch, l'affection était réelle. Aux *Grosses Têtes*, lorsqu'ils étaient réunis, ce qui était fréquent, cet amour donnait souvent dans le sado-masochisme, Le Luron prenant plaisir à exagérer au micro l'âge et l'originalité d'une Sapritch qui se laissait faire. « Cause toujours » était devenu sa réplique fétiche. Phénomène étrange, l'actrice semblait même prendre plaisir à adopter les traits de la caricature que lui offrait Le Luron : son fume-cigarette s'allongeait, ses chapeaux devenaient plus excentriques, ses robes faisaient éclater des couleurs qui offensaient la vue et elle ne parlait plus qu'en affectant, dans le ton comme dans le fond, un snobisme outré. Bref, elle se composait un personnage très différent de la véritable Sapritch.

Chahutée par Le Luron comme par les autres *Grosses Têtes*, Alice Sapritch a su jusqu'en 1990, date de sa disparition, faire preuve d'une qualité majeure, indispensable pour participer au charivari du grand studio de RTL : une patience amusée devant les mises en boîte, un goût prononcé pour l'autodérision. Ainsi en ce 8 décembre 1980 où l'actrice est entourée de ses trois admirateurs de choc : Jacques Martin, Sim et bien entendu Thierry Le Luron présenté par Philippe Bouvard sous le nom de guerre de « furet du music-hall ».

— Et non pas « le curé de la musique folle ».

Sim vient de donner le la. La séance du jour sera mouvementée et Alice s'attend déjà au pire. Deux ou trois allusions salaces incitent le meneur de jeu à rappeler la part masculine de sa troupe à la décence :

— Messieurs, il y a une dame parmi nous !

Martin n'entend pas se laisser brimer :

— Justement, si c'est une dame et pas une demoiselle, elle sait comment on le devient.

— Oh ! il y a si longtemps...

C'est la voix de Sapritch, incarnée par Le Luron qui vient d'enchaîner. À cette entrée en matière, Alice (la vraie) sourit. Martin exhume un air de son répertoire lyrique :

Salut, demeure chaste et pure...

Hélas, il est stoppé dans son envolée par la voix de Sapritch (la fausse) :

— Ah, c'est trop tard mon Martinounet chéri-chéri.

Alice rit franchement cette fois-ci. Elle s'attendait à ce « chéri-chéri », vocatif rituel dont, à en croire Le Luron, elle use et elle abuse. L'actrice commente, feignant la lassitude :

— Ah ! ça commence.

Théâtrale, elle tend son fume-cigarette et son châle à son imitateur préféré :

— Tiens. Pour que le personnage soit parfait.

À partir de ce geste et devant autant de bonne volonté, chacun se sent encouragé à déposer aux pieds de la diva son lot de méchancetés. Survient une question portant sur les méthodes de réanimation de premier secours. On hésite, on tergiverse, on soumet enfin quelques propositions qui sont rejetées. Comme souvent, les échecs et la frustration décuplent l'envie de rire. Le maître d'école, sentant que l'atmosphère n'est plus à la réflexion, propose un petit jeu éducatif, histoire de faire souffler ses élèves.

— Imaginez que vous soyez obligés de pratiquer la réanimation sur Alice.

La perspective d'un bouche à bouche ne tente personne. On évoque la possibilité de se contenter de remuer les bras de la malheureuse. Soit, mais comment disposer le corps ? Bouvard donne un petit coup de pouce :

— Elle a les bras le long des hanches...

Le Luron conclut :

— C'est-à-dire en V.

L'actrice laisse échapper un « Oh ! » de femme outragée. Le Luron se justifie :

— Non Alice, je disais que tes hanches étaient enviées.

Puisqu'on plaisante sur sa plastique, Alice croit bon de préciser qu'elle a été modèle. L'imitateur s'empare de l'information :

— Du temps de Picasso !... Alice est la mère du cubisme.

Conquis par l'humour de Le Luron, le modèle confirme :

— Absolument.

Dans le studio, on rit plus encore de la bonne grâce que

met l'actrice à laisser glisser les attaques que des reparties de ses assaillants.

— De Mme Hadémar Ostarter, qui a dit...

On ne connaîtra jamais la question de Mme Ostarter, Sim vient de se précipiter sur son micro pour imiter, avec un réalisme parfait, un moteur de voiture à l'allumage incertain. Lorsqu'il a épuisé les rires du public avec son effet, il rend la parole à Bouvard... Mais c'est Martin qui s'en saisit :

— C'est bien ce que m'ont dit les filles, Sim a du mal à démarrer.

Sim feint le macho humilié :

— Si t'avais vu ma bougie.

Ces considérations mécaniques inspirent Le Luron :

— Il paraît qu'Alice a le gicleur encrassé.

Sim embraye :

— Elle a coulé un joint de pétasse, heu... de culasse. Alice, tu es vraiment maquillée comme une voiture volée, aujourd'hui.

Très digne, la diva sourit mais ne répond pas. Le Luron, soudain pris d'un accès de tendresse pour son sujet d'imitation favori, se fend d'un petit compliment :

— Remarquez, les pare-chocs sont encore pas mal.

Bouvard, qui se retenait jusque-là, y va de sa petite muflerie :

— Oh ! à mon avis, l'aiguille a sûrement fait plusieurs fois le tour du compteur.

Et, dans la foulée :

— Pourquoi frottait-on les culs des poules avec des orties au XIXe siècle ?

Martin répond facilement :

— Pour les empêcher de couver.

— Exact, on applaudit Jacques Martin !

Le Luron, à mi-voix :

— Demandez à Alice comment c'était.

Cette fois, c'est au tour du public de s'offusquer et de laisser échapper un « Oh ! » réprobateur. Alice, elle, laisse dire. Elle s'amuse beaucoup. Elle est venue pour ça.

KERSAUSON - JUGNOT : LA CARPE ET LE LAPIN

L'union fait la force : cette vérité éternelle se vérifie aux *Grosses Têtes* plus qu'ailleurs. Dans le studio, la constitution de binômes (voire de trinômes) relève des techniques de survie. Il apparaît toutefois aussi que certains couples sont à première vue bien mal assortis. Si l'alliance entre Jean Yanne et Jacques Martin s'appuie sur une évidente communauté d'humeur et d'humour, celle qui a fait se rapprocher le lion Olivier de Kersauson du roquet Gérard Jugnot a de quoi surprendre. Il serait exagéré de parler d'idylle mais l'auditeur constate que le tandem comique fonctionne.

En ce 1er février 1981 où le novice (à l'époque encore moustachu) et auréolé du succès des *Bronzés* fait sa première apparition dans l'arène, le hasard veut qu'il prenne place en face d'un Amiral déjà ancien dans la maison et peu enclin à souffrir la contradiction. Un rare sens de la repartie et une constitution physique propre à imposer le respect avaient maintes fois découragé ses opposants potentiels. Envie de s'imposer par un coup d'éclat?

Inconscience? Jugnot se livre, avec un malin plaisir évident, à une série de provocations à l'encontre de son vis-à-vis : « Mais tu parles comme ça aussi vulgairement sur ton bateau ? » ; « Et les poissons ? Y a eu des plaintes ? » ; « C'est ta femme qui te fait tes gamelles ? » L'atmosphère s'alourdit vite. Et Kersauson, à cette dernière pique, réplique pour la première fois :

— Je peux t'en livrer une tout de suite. Tu vas la prendre.

L'anxiété gagne les invités, la régie et le public. Le visage de l'Amiral laisse apparaître successivement trois émotions : la surprise de l'homme peu habitué à l'outrage public, une colère faisant craindre le pire, puis, comme par magie, la satisfaction du roi qui comprend qu'il a enfin rencontré son bouffon, son contradicteur attitré, celui qui, pour être son opposé, son négatif parfait, n'en est pas moins son égal.

De ce jour, le marin et le comédien feront jouer à fond le ressort comique du couple antagoniste mais inséparable : Don Quichotte et Sancho Pança, Scapin et Léandre, Leporello et Don Giovanni, Laurel et Hardy. La formule est vieille mais efficace. Elle suit, comme tout bon numéro, un rythme. Ici à quatre temps :

Un. Pique de Jugnot :

— C'est ton métier, navigateur !? Ah ! mais je ne savais pas. Je croyais que tu faisais ça pour t'amuser le soir comme Bouvard fait de la radio...

Deux. Avertissement de Kersauson (digne de Michel Audiard ou de Frédéric Dard) :

— Toi, le jambon, je vais te persiller, tout à l'heure.

Trois. Jugnot, sentant qu'il touche un point sensible, poursuit par une allusion aux naufrages de l'Amiral :

— Tu manges du poisson sur ton bateau ? Tu as le temps de pêcher ?

Quatre. Kersauson se lève, le regard menaçant, et Jugnot décidément rétif à toute diplomatie, s'enfonce un peu plus dans ce terrain miné :

— N'écoute pas, Olivier. Tout ça c'est des blagues. Je m'en fous de ce que tu fais sur ton bateau ! Ne te fâche pas. Je ne savais même pas que tu faisais du bateau !

Quelques secondes plus tard, alors qu'on évoque l'étonnante capacité de Kersauson à improviser en vers mais qu'on lui fait remarquer qu'il n'est plus aussi brillant qu'autrefois dans cet exercice, Jugnot remet les gaz :

— Il buvait moins en ce temps-là.

— C'est ça, continue.

— Ça consommc, hcin !

— Profites-en bien, petit. Tu vas rentrer avec de la mayonnaise dans les oreilles.

La saynète sera mille fois jouée. Il ne s'agit pourtant pas d'un numéro complètement fictif : ces deux-là se fâchent avec trop de naturel pour qu'il n'y ait pas entre eux une réelle antipathie. Le provocateur prend un plaisir trop évident à lancer ses flèches ; l'Amiral met trop d'empressement à y répondre. Ce n'est pas le grand amour. Qu'importe ? À défaut de complicité, une alliance objective est née et le public en redemande.

Le public est comblé, comme par exemple le jour où Kersauson brosse, dans un grand souffle d'improvisation, un portrait peu flatteur de son souffre-douleur préféré :

— Cet enfant que la nature a imposé au monde qui l'entoure et à ses parents, il y a déjà un certain nombre d'années, paraissait à sa naissance si vieux qu'il faisait déjà de la peine. Ce bébé calvitique qui, pour dissimuler son bec-de-lièvre, faisait pousser une moustache qu'Hitler lui-même aurait enviée : fournie, sale, pleine des légumes et des morceaux de viande qu'il avait mangés. Au-dessus siégeait un groin. Tranquilles, à peine atteints de rougeur, deux petits yeux dans lesquels pouvait passer ce que certains naïfs prenaient pour de la malice et qui n'était jamais qu'une forme de cupidité et de désir. Les oreilles, qu'il avait sales, étaient à peine cachées par le reste de la calvitie qui tombait sur le cou gras et épais. Le tout était dissimulé par une chemise à carreaux comme on n'en voit pour ainsi dire plus nulle part. Un je ne sais quel costume de marin le déguisait provisoirement, lui donnant, à ses yeux, une importance qu'il ne saurait avoir. Le pantalon rouge qui cachait des jambes maigres ainsi que des chaussures que l'on rencontre en général sur des navires. Le tout pour se donner l'air d'un capitaine, alors qu'il n'était même pas un mousse et, tant qu'à mousser, la mousse, on l'aurait mise dessus pour laver ce petit être répugnant qui est assis à côté de moi.

Après un exploit de ce genre, Kersauson trouve toujours un épilogue :

— Jugnot, je t'assure qu'en mer je n'ai jamais le mal de mer. Mais quand je te vois ici, je me cramponne à la table.

Bien sûr, il y a des jours où l'humeur taciturne de l'Amiral ne se prête pas à l'inspiration. Qu'importe, puisque Jugnot se charge alors d'agiter un chiffon rouge sous le nez de son contempteur :

— Écoute Olivier, tu t'es emprisonné dans un personnage de brute épaisse. Il faut que tu sortes de ce personnage. Parce qu'au fond de toi il y a une fleur bleue qui pousse...

Jugnot hésite mais ne peut s'empêcher de lâcher sa chute :

— ... sur le fumier qu'il y a à l'intérieur !

La provocation fait à la fois blêmir et sourire Kersauson. Bouvard tente de désamorcer la rixe naissante en répétant la partie la plus flatteuse des propos de Jugnot :

— Non, c'est vrai, vous êtes un tendre dans le fond, Amiral.

C'est un échec, l'Amiral n'a aucune envie de se laisser amadouer et réplique :

— Moi au moins, contrairement à Jugnot, j'ai mon fumier à l'intérieur. Lui, c'est à croire qu'il s'est nettoyé la gueule avec !

Jugnot botte en touche :

— On pourrait faire l'émission dans une poissonnerie, ça te rappellerait des souvenirs, Kersauson... Tu pêches, des fois ?

Serrant les poings, le marin semble hésiter entre la violence et l'insulte. Puis, considérant sans doute que Jugnot bénéficie déjà du titre de *Grosse Tête* et qu'il serait inutile de lui en faire une, le marin rétorque :

— C'est pas parce que tu as été interdit de bains par

Cousteau et la protection de la nature que tu vas parler de ça, non ! Plutôt que de faire le comédien, si t'as encore tes parents, tu leur fais un procès pour ta gueule... Tu prends du pognon. Le jury va pleurer quand il va la voir. Je sais pourquoi Sim se met à côté de toi, c'est parce qu'à côté de toi, il fait beau mec.

Cherchant le regard de Bouvard, Jugnot prend l'air surpris de celui qui n'a cherché qu'à être aimable et qui se voit bien mal récompensé :

— Bon, on va laisser « Pépé Findus » dans son coin et on va parler entre nous.

Manière de dire que l'Amiral a, une fois de plus, ses humeurs. Chauffé au rouge par le moustachu malfaisant, Kersauson explose :

— On dirait un furoncle ! Vous l'avez vu ? C'est l'idée que je me fais du mal blanc avec un pull-over vert...

Bouvard est là pour jouer Monsieur bons offices :

— Considérons que l'abcès est vidé et parlons d'autre chose.

Cent fois vidé, l'abcès ressurgit toujours. Les jours où l'Amiral rencontre Jugnot dans les studios, le service de météorologie marine annonce un vent d'ouest force 5. Le jeu, pour Philippe Bouvard, consiste à faire semblant de ne pas comprendre ce qui peut bien pousser Kersauson à présenter une mine aussi renfrognée :

— Il y a quelque chose qui vous gratte, mon pauvre ami ?

Puisque la question flirte avec l'hypocrisie, Kersauson

fournira une réponse énigmatique, sans un coup d'œil vers l'objet de son ressentiment :

— Il y a quelque chose qui me démange, surtout.

Le ton est donné. La confrontation peut déraper à tout moment. Dans ce genre de cas, Jugnot en rajoute :

— Il aurait pu faire S.A.S.

Cette fois, l'Amiral regarde son ennemi intime :

— Tu vas faire S.O.S., tout à l'heure.

— Pourquoi me dis-tu ça ? Je ne parle pas de bateau... Je parle de poisson.

Un mensonge qui ne mène à rien son auteur :

— C'est interdit aussi.

Jugnot se rebelle :

— T'es salaud parce que dans mon dernier film, je fais justement un mec qui navigue, tu vois je t'ai rendu un hommage.

— Je te remercie mais garde-les, tes hommages.

— C'est l'histoire d'un mec qui a fabriqué un bateau et qui ne voyage jamais.

Kersauson se renfrogne et se tait. À quoi bon répondre à cela ? Quelques minutes s'écoulent pendant lesquelles Bouvard cherche à détourner l'attention de l'Amiral. Mais Jugnot trouve vite l'occasion de rechausser ses gros sabots :

— Et le tien, il fait combien de longueur, ton bateau ?

— Qu'est-ce que ça peut te foutre ?

Une fois de plus, Jugnot joue l'innocent agressé :

— Et voilà, il a répondu à ma question très gentiment, comme d'habitude. On s'intéresse aux gens et...

L'Amiral le coupe, théâtral et menaçant :

— La haine s'installe.

Soucieux de l'intégrité physique de ses invités, Bouvard réussit tant bien que mal à ramener la paix. Hélas ! Jugnot semble avoir mangé du lion et repart à l'assaut sur le thème classique des naufrages de l'Amiral :

— Si tu cherches un sponsor, figure-toi que j'ai un ami qui fabrique des rustines.

— Je ne cherche rien et je ne veux surtout pas voir tes amis ! Même toi je dois dire que tu commences à m'agacer ! C'est pas parce que ton disque a été acheté par le ministère de l'Agriculture pour faire fuir les corbeaux et les rats dans les champs qu'il faut que tu la ramènes !

Couvrant de la voix les rires qui secouent le grand studio, Jugnot relève la satire :

— C'est un gros marché. Je suis sponsorisé par Quiès.

Par bonheur, Bouvard est encore là pour détourner l'attention du vicomte :

— Mais, vous, qui est-ce qui vous sponsorise, Amiral ?

— Ribouldingue.

C'est bien sûr Jugnot qui s'est empressé de répondre. Cette fois, Kersauson met les points sur les « i ».

— Toi, tu vas prendre pension chez le Samu bientôt. Comme ça le I % de la Sécu va servir à quelque chose. À réparer Jugnot. Je vais tellement te casser la gueule que tu vas ressembler à Delon.

Pour bien appuyer ses dires, l'Amiral amorce une gifle du revers de la main. Jugnot se lève prestement et cherche à évaluer les meilleures voies de retraite possibles :

— Aïe ! Si tu me touches, je me tire d'ici.

Bouvard doit intervenir.

— Non ! Lâchez-le ! Non, revenez, il ne vous touchera pas.

Le moustachu, réalisant qu'il compte un allié en la personne du maître de céans, consent à se rasseoir. Il arbore un sourire de victoire :

— J'ai compris un truc. Comme je n'ai aucune possibilité d'agir sur cette grande bête, alors maintenant ce sera le chantage à Bouvard : si tu me touches, je me tire d'ici.

On a frôlé l'incident mais l'épisode a été instructif : désormais, Jugnot sait qu'en dernier recours, un appel à l'autorité du lieu suffira à le tirer d'une mauvaise posture. Dès lors, pourquoi brider son insolence ? Il jette à l'Amiral un regard entendu. « Attends un peu. Tu n'as encore rien vu. »

LES GALAS : QUEL CIRQUE !

Produit purement sonore, *Les Grosses Têtes* devaient bien un jour aller vers ce public qui, lorsqu'il ne se déplaçait pas vers les studios de RTL, était souvent curieux de voir comment pouvaient se dérouler ces joutes quasi quotidiennes. C'est en 1985 que s'ouvre pour *Les Grosses Têtes* une période inattendue et un peu folle : celle des galas en province. Désormais et à l'instigation de l'impresario Daniel Tanière, *Les Grosses Têtes* sortent de Paris, prennent la route, envahissent les salles polyvalentes, les palais des congrès, les théâtres, les chapiteaux géants.

D'emblée, et à la surprise générale, l'affluence est considérable. Chaque soir et parfois deux fois de suite dans la même ville, le public se déplace, paye sa place. Pour voir quoi ? Rétrospectivement, la surprise reste entière pour Philippe Bouvard : « Faire venir six mille personnes sous un chapiteau ou huit mille à la salle Gerland de Lyon, leur demander de payer un ticket d'entrée pour écouter cinq pékins en tenue de ville, en train de discuter derrière une table, c'était une gageure qui ne répondait à aucune loi du spectacle. » Petit à petit, le show se structure et surtout, affranchi de tout impératif radiophonique, devient plus visuel. L'éloignement du diocèse incite les paroissiens à se livrer à des excentricités qu'ils ne se permettaient pas rue Bayard. La province française, mais aussi la Belgique et la Suisse, ont ainsi pu, au cours des cent huit galas qu'ont donnés *Les Grosses Têtes*, assister à ce que Sim définit aujourd'hui, avec le recul, comme « un spectacle de cirque avec une connotation de music-hall et de radio, un mélange inédit ». Des « numéros » qui sont autant de morceaux de bravoure, se rôdent jour après jour.

Parmi ceux-ci, une *École des Fanées* reste en mémoire comme un grand moment de rire. Philippe Bouvard y trouve l'occasion de se venger des plaisanteries de Jacques Martin en l'imitant dans son rôle d'interrogateur dominical des enfants. Hélas, le seul enfant disponible est une petite fille hideuse, incarnée par un Sim affublé d'une robe et d'une paire de tresses. Bouvard singe quelques minutes les tics professionnels de Martin, puis doit se défendre contre les attaques de l'interviewée qui se révèle précocement libidineuse.

— Oh ! mais tu m'as l'air bien en avance pour ton âge !

Certains spectateurs se rappellent peut-être encore aujourd'hui avoir vu Sim se servant de Philippe Bouvard comme d'une monture. Sim, lui, s'en souvient parfaitement :

— Philippe, à l'époque, venait d'être nommé au fauteuil directorial de *France-Soir*. Et il vivait dans la peur qu'un spectateur écrive à Robert Hersant pour lui dire ce qu'il faisait de ses soirées en province. Ce soir-là, je l'ai renversé et chevauché et il hurlait de rire. Et au milieu de ses éclats de rire, il criait : « Arrêtez ! Arrêtez ! Je suis quand même directeur de journal ! »

Le plus célèbre numéro est peut-être *L'Enterrement de Castelli* qui a, du fait de son succès, fini par clore invariablement chaque spectacle. Une cérémonie réglée comme du papier à musique. Castelli interrompait soudain la conversation, se levait et sortait de scène en titubant, sous les regards faussement inquiets des autres invités. Quelques minutes plus tard, Philippe Bouvard s'avançait sur l'avant-scène pour informer le public du tragique événement que la mauvaise mine de Castelli laissait craindre : un décès subit venait de mettre un terme brutal à la carrière du comique. La mauvaise hygiène bucco-dentaire du patient avait découragé le secouriste de pratiquer le bouche à bouche qui l'eût sauvé. Faute de soins, Castelli s'était donc éteint en coulisses à quelques mètres de ses amis. Mais puisqu'ils étaient tous réunis aujourd'hui et qu'on comptait parmi eux celui dont la fière devise était « Mourez, je ferai le reste », il avait été décidé de rendre sans attendre hommage au disparu. La sonorisation faisait retentir les grandes orgues, Zitrone s'emparait du micro et se lançait dans un commentaire dont le lyrisme effaçait celui qui avait accompagné Churchill vers sa dernière demeure. Les spectateurs de l'époque gardent de ce qui suit le souvenir de *Grosses Têtes* en proie à une transe collective soutenue par la mélopée zitronesque et par un rituel insensé : la dépouille de Castelli est déposée sur un caddy de supermarché recouvert d'un drap noir et aux quatre coins duquel des cierges allumés ont été fixés. Le corbillard est poussé sur le devant de la scène. Sim, costumé en veuve éplorée, donne le bras à Bouvard. Léon, citant les innombrables chefs d'État étrangers qui se sont déplacés, poursuit, avec une emphase toujours plus grande, son évocation des mérites du disparu :

— Cet homme dont on disait qu'il avait un physique de radio...

Sim plante symboliquement une bougie allumée dans la braguette de Castelli, lui retire une chaussure, manque défaillir en la respirant, se ressaisit et s'en sert de récipient pour faire boire du champagne aux processionnaires pas franchement ragoûtés. On utilise, en guise de goupillon, une bouteille de champagne au moyen de laquelle — ultime hommage — Castelli est arrosé avant d'être recouvert des fleurs que ses amis sont allés arracher dans le décor de scène. Le public hurle de rire, tout prêt de se lancer lui aussi dans la bacchanale mortuaire qui se déroule sous ses yeux. Au bord du précipice, Bouvard annonce la dislocation, les artistes saluent, Castelli compris.

Sim, Philippe Castelli, Gérard Jugnot et Léon Zitrone : ils ont formé l'équipe de choc des galas, la plus souvent sélectionnée par Philippe Bouvard. Toutefois, d'autres ont tenté l'aventure, le temps de deux ou trois représentations. Parmi ces remplaçants, Olivier de Kersauson, que les foules intimident et à qui l'on doit une prouesse scénique à marquer dans les annales de l'histoire des planches : faire tout un spectacle le dos tourné au public. Bernard Tapie est également venu mouiller sa chemise. La première de ses participations est elle aussi à marquer d'une croix : il y a en effet tenu le rôle d'animateur, en lieu et place de Philippe Bouvard, foudroyé quelques minutes avant le lever de rideau par un canard à l'orange avarié, et transporté de toute urgence dans la clinique locale. *Les Grosses Têtes* sont venues, plus tard, le tourmenter sur son lit de douleur. Tapie s'était tiré de l'exercice avec un tel brio que, pour la première fois, un successeur — un concurrent peut-être — s'était révélé.

Cette période des galas a imposé aux *Grosses Têtes*, qui n'y étaient pas toutes habituées, la vie des gens du voyage. Or, le voyage, comme chacun sait, est sujet aux aventures, parfois douloureuses, mais souvent drôles.

Un soir de gala à Lille, la représentation s'achève trop tard pour permettre à Léon Zitrone de prendre un train pour la capitale. Des années de présence au sein de la caravane du Tour de France cycliste avaient fâché Léon avec les voitures et les routes. Son goût pour le transport ferroviaire et son confort s'en était trouvé augmenté. C'est donc contraint et forcé qu'il s'était résolu à faire le trajet dans la voiture de Sim, accompagné de Bob Castel, pianiste des *Grosses Têtes*. Autant dire qu'il n'est pas de très bonne humeur.

Les ennuis surviennent sur l'autoroute. La nuit est déjà avancée lorsqu'un voyant rouge du tableau de bord s'allume, menaçant. Sim constate qu'il s'agit du niveau d'huile et fait part de son inquiétude aux passagers. Inquiétude vite accrue par des bruits de ferraille faisant craindre la panne. Une détonation annonce subitement le décès du moteur et Sim n'a que le temps de ranger son véhicule sur la bande d'arrêt d'urgence. Zitrone semble être le plus affecté :

— C'est une catastrophe ! J'ai mon chapeau claque et

mon frac dans mes bagages parce que je dois présenter le Grand Prix de Diane demain matin. Je n'y serai jamais à temps!

S'avisant soudain qu'il ne sert à rien de se lamenter, il ajoute :

— Il faut appeler du secours!

Zitrone, flanqué de Sim, s'extrait du véhicule et affronte le froid. Le couple improbable aperçoit au bout de quelques minutes de marche une borne de secours téléphonique. C'est un Léon tout ragaillardi par la trouvaille qui décroche le combiné et lance, d'une voix qui a fait les riches heures de l'ORTF :

— Allô! Ici Léon Zitrone!

À l'autre bout du fil, la réplique du fonctionnaire chargé de la surveillance est immédiate :

— Ah bon? Et moi c'est Napoléon.

Et l'empereur raccroche. Zitrone se mord les lèvres de n'avoir pas su s'imposer l'anonymat, lâche quelques jurons, retrouve son calme et offre le combiné à Sim :

— Allez-y, vous. On recommence.

Sim sentant que Léon ne supportera pas d'être contrarié, s'exécute docilement :

— Allô! Ne raccrochez pas. C'était vraiment Léon Zitrone qui vous parlait tout à l'heure. Là, c'est moi qui vous parle. Je m'appelle Sim.

Réponse instantanée :

— Ah bon? Eh bien ici, c'est Joséphine.

L'impératrice raccroche, évidemment. Les deux *Grosses Têtes* ont beau mutiplier les appels, on ne se résoud pas, au poste de surveillance, à les prendre pour autre chose que des comiques, statut qui, en temps ordinaire, satisfait Sim mais auquel Zitrone n'a jamais vraiment pu s'habituer. Il est deux heures et demie du matin lorsque Léon, exaspéré, décide que la solution à leurs malheurs a pour nom autostop. On lèvera donc le pouce. La circulation est maigre mais tout espoir n'est pas perdu. Ils déchantent bien vite. Les rares automobilistes qui ralentissent à leur hauteur accélèrent brutalement : apercevoir Léon Zitrone et Sim sur la bande d'arrêt d'urgence d'une autoroute en pleine nuit leur paraît si incroyable qu'ils décampent, convaincus au mieux d'être confrontés à une hallucination et au pire à l'embuscade d'un couple de malfaiteurs déguisés et grimés. Les deux compères devront attendre encore longtemps avant qu'un employé de la maintenance des autoroutes, se rendant sur son lieu de travail, les repère, les reconnaisse et appelle un taxi.

Léon ne rata pas son Grand Prix de Diane du lendemain. Ni Sim l'occasion de raconter leurs malheurs nocturnes et autoroutiers au micro des *Grosses Têtes* quelques jours plus tard. Zitrone, moins enclin à évoquer les moments où il avait été en difficulté, resta, malgré les demandes réitérées des autres invités, quasi muet sur l'anecdote. Question de caractère.

Si les galas ont permis aux auditeurs de satisfaire leur envie de voir les *Grosses Têtes* en chair et en os, l'inverse est tout aussi vrai : les *Grosses Têtes* ont trouvé là l'occasion de connaître leur public. Et certaines rencontres sont plus mémorables que d'autres. L'anecdote qui va suivre trouve son cadre, une fois de plus, sur l'autoroute, en direction cette fois d'une ville du sud de la France, où les *Grosses Têtes* doivent donner une représentation.

S'apercevant que la voiture qui le précède louvoie dangereusement, Sim ralentit, et, soupçonnant un endormissement du conducteur, donne civiquement quelques coups de klaxon. Rien ne semble pourtant ramener le véhicule à une trajectoire rectiligne. Au contraire, puisqu'il s'arrête brutalement sur le bas-côté. Sim, alarmé, en fait autant et sort de sa voiture, prêt à porter secours. L'automobiliste qui, à vingt mètres de lui, s'extrait de l'habitacle est un type échevelé qui vocifère et se frappe le ventre et les côtes à grands coups d'avant-bras. Effrayé mais toujours aussi bon samaritain, Sim s'approche et constate que le fou furieux, qui lui tourne toujours le dos, semble se calmer. L'homme porte un pull-over qui, détail bizarre, laisse échapper une fumée blanche. Il se retourne à l'approche de Sim et, le reconnaissant, le pointe d'un doigt accusateur et se met à crier plus fort encore que précédemment :

— Oh, ben ça alors ! Et moi qui ne gagne jamais au Loto ! C'est de votre faute !

Sim, cette fois persuadé d'avoir affaire à un échappé de l'asile, entame un repli stratégique mais l'individu le rassure :

— Attendez ! Je vais vous expliquer. J'étais en train d'écouter *Les Grosses Têtes* à la radio et vous avez dit un truc vraiment très drôle. C'était tellement drôle que j'ai éclaté de rire et que mon mégot est tombé dans mon col roulé et que mon chandail a pris feu. J'avais beau essayer de l'écraser, je n'arrivais pas à l'éteindre !

SI J'AURAIS SU, J'AURAIS PAS VENU

Le bizutage est une tradition dont les grandes écoles n'ont pas l'exclusivité : aux « Grosses Têtes » aussi, le « bleu », la nouvelle recrue, a droit aux pires avanies. Il n'est de club qui ne soumette tout prétendant à une série de tests censés révéler son aptitude à supporter la vie de groupe, à se plier à ses lois. Certains échouent, tel Maître Capellovici, connu pour son rôle d'arbitre grammairien des *Jeux de vingt heures*, et qui, projeté un jour dans l'arène de la rue Bayard, prouva qu'il n'était pas en mesure de rivaliser avec les autres invités. Venu avec une liasse de photographies qu'il se proposait de dédicacer aux autres invités, « Maître Capello » n'obtint pas les égards auxquels il pensait avoir droit. On se moqua beaucoup de lui. Il ne comprit d'abord rien aux horreurs qu'on lui disait, puis, sentant qu'on lui manquait de respect, mais toujours sans saisir les allusions dont il était victime, il finit par se fâcher. On ne le revit plus. Paul-Lou Sulitzer, trop heureux de se voir offrir une occasion supplémentaire de parler de ses ouvrages à l'antenne et à une heure de grande écoute, se précipita rue Bayard. Il mit quelques minutes à s'aviser qu'il était tombé dans un véritable traquenard. À défaut d'avoir assuré sa publicité, l'écrivain-homme d'affaires repartit avec un costume neuf. Du sur mesure taillé par Jugnot :

— Tes bouquins, c'est comme un viol collectif, vous les attaquez à quinze à la fois, non ?

Lui non plus n'est pas revenu. Marie Laforêt, grande actrice et grande chanteuse, n'était pourtant pas venue sans armes : une finesse d'esprit largement suffisante pour comprendre et un caractère propre à tenir tête. Elle a toutefois rendu les armes devant la muflerie de Kersauson. L'épisode mérite d'être rappelé dans le détail.

Ce jour-là, Marie Laforêt se fait attendre. Jusqu'à ce qu'on ne l'attende plus et que la régie lance le générique de début d'émission. L'absence de l'invitée suscite évidemment des remarques désobligeantes. Pourquoi n'est-elle pas là ? Une séance de maquillage a-t-elle été prolongée du fait de l'ampleur de la tâche ? A-t-on dû faire appel au savoir-faire d'un chirurgien esthétique ? Kersauson ouvre le bal :

— À son stade c'est pas un chirurgien esthétique, c'est un conducteur de travaux qu'il faut.

Les absents ont toujours tort et Jugnot, guère plus galant que l'Amiral, poursuit sournoisement :

— Vous êtes dur avec cette femme, j'étais déjà amoureux d'elle quand j'avais six ans.

Kersauson regarde Jugnot d'un air condescendant et réplique avec le ton indulgent de celui qui est tout disposé à pardonner les faiblesses d'un ami :

— T'as toujours aimé les vieilles.

Marie Laforêt arrive enfin. Par honnêteté, Bouvard décide de ne pas la laisser dans l'ignorance des attaques dont elle a été la cible :

— Gérard Jugnot a dit qu'il vous admirait beaucoup, l'Amiral a dit qu'il ne vous admirait pas du tout...

— Évidemment, le moussaillon, à chaque fois que je le vois, il est toujours occupé avec quelqu'un d'autre ! Alors...

Manière d'insinuer que Kersauson ne saurait être agréable qu'envers les femmes avec qui il a été intime. Un peu surpris mais ravi d'en avoir enfin trouvé *une* qui a du répondant et qui, pour se défendre, ne fait pas mine de ne pas comprendre, Kersauson attrape la balle au bond et la relance méchamment :

— Eh ! Je ne fais pas dans la gériatrie, moi, maman...

« Maman » dignement, ne répond pas. Pour l'instant, car l'atmosphère s'est brusquement tendue et on sent que l'affaire n'en restera pas là. L'affrontement est à l'ordre du jour.

— Voyez-vous souvent l'Amiral dans des soirées ?

— Non, j'ai vu le moussaillon seulement une fois.

On feint, parmi l'assistance, de s'étonner de voir traiter de moussaillon un aussi grand navigateur, un homme qui a parcouru toutes les mers et souvent en solitaire.

— Je ne vais pas lui laisser le grade d'Amiral, après ce qu'il m'a dit ! On rétrograde doucement... doucement. Mais moussaillon, c'est mieux que rien.

Le « rien » déplaît au marin :

— Continue, mémé ! Tu te prépares une belle retraite.

Tu vas l'avoir ta carte vermeil, tout à l'heure. Vas-y, remue ton dentier maintenant...

Gérard Jugnot, parfait dans le rôle du faux juge de paix qui ne réussit qu'à jeter de l'huile sur le feu, fait mine de rapprocher les deux tourtereaux :

— Qui aime bien chatouille bien !

La comédienne enchaîne :

— En fait, c'est un grand timide, il adore les femmes mais il n'ose pas le leur dire. Alors il prend des chemins détournés... Mais alors vachement détournés, faut dire ce qui est !

L'Amiral n'apprécie pas qu'on essaye de sonder sa psychologie :

— Oh ! si. Quand elles sont jeunes et jolies je me démerde bien.

On tente de lui faire valoir les qualités de Marie Laforêt. N'a-t-elle pas du talent, de l'intelligence ? N'est-elle pas, en résumé, une femme charmante ? Pourquoi la malmener autant ? Kersauson, plus Breton que jamais, reste inflexible :

— On est là pour quoi ? Pour prendre du pognon. Alors le reste... Que ce soit une femme, un homme, un chien, un lapin de garenne...

L'actrice, sentant qu'on lui vient en aide, tente une riposte :

— Ah ! ben lui, il est zoophile... Vous savez ce que c'est, un zoophile ?

Moins pour faire étalage de culture que pour voir où elle veut en venir, Kersauson répond, un peu las :

— Un zoophile, c'est quelqu'un qui aime les animaux.

— Y a pas de honte, chez vous en Bretagne les poulets sont très bien traités.

L'Amiral marque un temps mort et, quand les rires de l'assistance se sont dissipés, lâche sa réplique :

— Je préfère un poulet de l'année à une vieille poule !

Un peu plus tard, alors que les hostilités ont cessé, Gérard Jugnot s'intéresse à la robe de « la vieille poule » :

— C'est de la peau de chamois, ça, madame Laforêt ?

— Oui. Tu peux toucher, toi. Touche, touche...

Bouvard, à qui rien de ce qui concerne les voitures n'est étranger :

— C'est de la peau de chamois ? Ah ! Moi, j'aimerais bien frotter mon pare-brise avec ça, ce doit être agréable !

C'est alors que Kersauson, qui, silencieux depuis quelques minutes, n'attendait visiblement qu'une occasion, donne le point d'orgue de son festival de mufleries :

— Laforêt, il suffit de la mettre au milieu de la route et de lui rentrer dedans. Tu te la plantes à cent vingt à l'heure !...

Cette fois, c'en est trop. Sur K.-O. technique à la troisième reprise, Marie Laforêt jette l'éponge. Il faut savoir encaisser pour entrer dans la confrérie : elle n'a plus jamais daigné participer aux *Grosses Têtes*.

On peut considérer que favoriser l'arrivée d'une femme *parce que* c'est une femme serait faire preuve de la galanterie la plus élémentaire. Aux *Grosses Têtes*, on préfère à l'évidence juger l'individu non pas sur son sexe mais sur sa personnalité. Même, et peut-être surtout, si la femme est très belle. On peut, à titre d'exemple, souligner le succès de Macha Méril, l'une des très rares participantes à avoir su, dès sa première apparition, désamorcer par son charme, son naturel et surtout son sens de l'autodérision, la redoutable mysoginie de ses camarades. Il faut être une femme de tête pour tenir tête aux *Grosses Têtes*. Mais que se passe-t-il lorsqu'on n'a que sa beauté et sa candeur pour atout ? La question n'est pas restée théorique et a trouvé sa réponse pratique le jour où le grand studio de la rue Bayard a accueilli, autour de Jugnot, Martin et Kersauson, une jeune et jolie femme, originaire de Narbonne et tout fraîchement récompensée du titre glorieux de Miss France. Une pauvre petite chèvre jetée en pâture aux grands méchants loups. La Miss, répondant au nom de Manchon et au prénom de Monique, a connu un bal des débutantes un peu mouvementé.

Ouverture obligatoire, Philippe Bouvard commence par communiquer les mensurations de la belle : 85-60-85. Irréprochables. Mlle Manchon précise toutefois qu'il s'agit, dans l'ordre, de ses tours de poitrine, de taille et de hanches. Martin, un peu troublé, lui demande si elle arrive à joindre les deux bouts, Jugnot se reproche à haute voix d'avoir oublié d'apporter sa feuille de Loto. L'ambiance est détendue. On démarre doucement.

Connaît-elle le principe de l'émission ? Martin se charge de son instruction :

— On pose des questions, et il faut y répondre.

Jugnot précise :

— Alors, vous voyez mademoiselle, là, vous n'avez pas répondu à la question. Vous nous devez cent francs.

Martin, accommodant, affirme qu'il se contenterait

volontiers d'un baiser. Peu farouche, Miss France envisage l'éventualité :

— Je préfère donner un baiser que cent francs.

C'est le moment que choisit Kersauson, jusqu'à présent cantonné dans un rôle d'observateur silencieux, pour entrer dans le jeu avec une muflerie timide :

— Je ne pourrais pas avoir plutôt cinquante francs ?

On questionne l'Amiral. Mlle Manchon n'est-elle pas à son goût ? Non, il la trouve « radine ». De toute façon, il préfère cinquante francs à un baiser de Miss France. Mlle Manchon ne s'offusque pas. Jugnot relance :

— Vous allez faire Miss Monde, plus tard, quand vous serez grande ? Miss Europe peut-être ?

Martin ne lui laisse pas le temps de répondre :

— Combien étiez-vous de filles en tout ?

— Cinquante.

— Et ils les ont jetées les autres ? Moi, je veux bien les récupérer.

On demande à la reine de beauté ce que ses malheureuses concurrentes sont devenues.

— Il y a déjà trois dauphines...

On poursuit pour elle la revue de détail :

— Sept suicides...

— Cinq sont parties dans un cabaret au Moyen-Orient...

— Sept en Argentine...

Jugnot, pratique, interroge :

— Finalement, d'être Miss France, ça vous donne droit à quoi ? À une carte orange gratuite ?...

On rigole ferme dans le studio. Mlle Manchon ne se vexe

toujours pas. Elle répond même volontiers aux questions portant sur sa vie privée. On apprend ainsi qu'elle ne sera plus « mademoiselle » longtemps : la belle a un fiancé. Jugnot laisse transparaître sa déception. Déception vite augmentée par une nouvelle d'importance : le fiancé est grand. Il s'appelle Patrick et exerce la noble profession d'ambulancier. Jugnot, par jalousie, se lance illico dans une bruyante imitation de sirène d'ambulance. Martin se saisit lui aussi de l'outil de travail du fiancé.

— C'est vachement pratique une ambulance pour sortir le soir. J'aime autant te dire que tant que tu vas chercher une fille en bas de chez elle en faisant (hurlement de la sirène) je ne te raconte pas la tronche du père. Surtout quand tu frappes, toc toc toc, tu entres avec le brancard et tu dis : « Je viens chercher Monique ! C'est une urgence, mademoiselle Manchon ! »

Soutenu par les rires du public, Martin sent qu'il ne doit pas s'arrêter en si bon chemin :

— Pourriez-vous expliquer à nos auditrices ce que c'est qu'un spermatozoïde ?

— Ah non, je ne sais pas ce que c'est.

Kersauson, chevaleresque, vient au secours de Miss France :

— Ce n'est pas un genre d'animal qui circule dans une voiture qui fait du bruit ?

Bien sûr, l'Amiral termine son intervention par une troisième imitation de sirène d'ambulance. Martin ne lâche pas sa proie :

— Alors, mademoiselle Manchon, à votre avis, le spermatozoïde, qu'est-ce que c'est ?

Premier signe de lassitude pour Miss France :

— Vous y tenez, hein ?

— Je ne les lâche pas facilement.

Jugnot, secourable, se lève et se dévoue :

— Je vais vous montrer.

On l'en empêche en le forçant à se rasseoir. La tentative permet au moins de faire surgir une question intéressante : Qu'en ferait-elle, si on lui en fournissait ? La fiancée de l'ambulancier, s'étant aperçue qu'autour d'elle on vénère l'improvisation et qu'il est admis de dire tout ce qui vous passe par la tête, répond sans la moindre hésitation :

— Je les collerais dans mon album.

Dans un éclat de rire général le public ovationne Monique Manchon. En jouant l'ingénue, la petite Miss France vient de contre-attaquer brillamment. Il faut quelques secondes avant que Martin ne réussisse à enchaîner. Il évoque un célèbre naufragé (invité de plusieurs *Grosses Têtes*), qui savait donner le meilleur de lui-même pour faire adhérer les rustines nécessaires à la survie de son embarcation :

— Remarquez, ça colle bien d'après ce que nous en a dit Bombard. Enfin, vous ne voyez pas du tout ce que ça peut être ?

Un peu débordée, Miss France fait signe que non de sa jolie tête. Kersauson rompt à nouveau son silence et tranche :

— Il faut vous faire rembourser vos études.

— Eh bien ! Expliquez-moi ce que c'est...

— Ils vivent en groupe. C'est une communauté dans

laquelle y a pas d'affaire d'argent parce qu'ils partagent le même liquide.

Martin vient en aide à Kersauson :

— Ce sont de bons alpinistes aussi. Ils traversent souvent des cols. Imaginez une cordée d'alpinistes. Ils gravissent un col et après l'épreuve, ils vont se mettre « ovaire ». Voilà, comme ça maintenant, ma petite fille, vous savez tout.

Est-ce bien sûr? Pour tester ses connaissances toutes fraîches, on questionne Miss France sur un ton professoral : Où, à Narbonne, pourrait-elle, si elle le souhaitait, se procurer des spermatozoïdes? Avant même que la malheureuse ne puisse ouvrir la bouche, une sirène à trois voix retentit dans le studio. Jugnot, Martin et Kersauson ont eu la même inspiration. Martin est le premier à interrompre ses hululements, il a encore une question à poser :

— Qui était Charles de Gaulle?

— C'était un danseur, non?

Jugnot semble ravi de la réponse :

— Là, elle se fout de ta gueule. En réalité, c'était un moniteur à la colo.

En quelques phrases, Monique Manchon s'est composée un personnage de gourde inculte criant de vérité. Une apparence propre à refroidir les avances de Martin. Pas dépité, ce dernier joue le jeu et, prenant son plus bel accent provençal, se lance dans une tirade qu'on croirait tirée d'un film de Marcel Pagnol :

— Allez, va. Ça ne fait rien, on t'aime bien quand même, tu es si jolie, Fanny, avec tes yeux, ta petite bouche. C'est bien dommage que tu aies passé la nuit avec Marius. Ici, tu as trouvé une famille avec « petit Jugnot », le naïf de l'assistance.

Toujours prêt à jouer les attardés mentaux, Jugnot embraye, avec le même accent :

— Dis papa, je peux l'embrasser la fifille ?

— Tais-toi imbécile ! Celui-là depuis qu'il a couché avec les moutons... Il y a aussi mon grand, qui voyage...

Kersauson, qui a compris qu'il s'agissait de lui, se laisse aller à une remarque flatteuse pour Monique.

— Papa, depuis que je l'ai vue, je ne veux plus aller en mer.

Martin reprend son rôle de « papet » marseillais, et ajoute une touche de poésie à son délire :

— Et le soir, quand tout le monde sera couché, j'irai te montrer les étoiles, je te ferai voir la Grande Ourse, je te montrerai dans le ciel la Voie lactée qui ressemble (*Pouffant de rire mais se contrôlant.*) à un troupeau de spermatozoïdes !

Martin décroche le plus bel éclat de rire de la séance mais continue à improviser :

— Elle est belle notre Provence, avec ses puits de mines, avec ses centrales atomiques, avec ses campeurs...

Jugnot envoie alors le mot de la fin, mettant à contribution sa culture de réalisateur de spots publicitaires :

— Et là je pose la question : À quoi ça sert que Ducros il se décarcasse ?...

Après ce baptème du feu, Monique Manchon n'est pas devenue une *Grosse Tête* mais son passage à RTL aura au moins permis de comprendre combien il est difficile pour les novices de rivaliser avec les anciens et combien les anciens mettent peu de bonne volonté à leur faciliter la tâche. L'épreuve est assez rude pour en avoir découragé plus d'un. C'est la dure loi de la jungle radiophonique.

TIREZ SUR LE PIANISTE !

« Le nain du bois de Boulogne vous salue bien ! » À tout seigneur tout honneur, c'est ainsi que, durant les années où les galas ont sillonné la France, Philippe Bouvard se présentait. Le public y retrouvait deux des plus fréquents thèmes de mise en boîte dont l'animateur ait eu à souffrir au cours de vingt années d'émission. « Souffrir » n'est d'ailleurs peut-être pas le mot juste puisque la victime avoue que ces avanies, subies et acceptées, lui ont fait le plus grand bien.

Que peut apporter à un homme l'expérience bi-hebdomadaire d'être appelé (par des gens qu'on a eu la courtoisie d'inviter) « rase-mottes », « petit Phi-phi », ou encore « l'avorton en perruque » ? Le principal intéressé répond qu'il y avait là, pour lui, l'occasion d'un nécessaire repositionnement : « Avant de faire cette émission j'avais toujours le dernier mot, j'étais toujours celui qui se moquait des autres, et personne ne s'était encore avisé de s'en prendre à moi. Alors les *Grosses Têtes*, en me transformant en cible, m'ont humanisé, m'ont donné toutes sortes de leçons salutaires à titre personnel. Sur le plan professionnel, ça a permis au public de m'envisager d'une façon différente, de voir que j'étais prêt à jouer le jeu. J'ai maintenant la certitude que je suis mieux vu pour les plaisanteries que j'ai acceptées que pour celles que j'ai faites sur le compte des autres. »

L'assaut a été mené pianissimo : Jacques Martin s'est chargé, dès les premières émissions, d'ouvrir le feu en jouant le concubin délaissé et livrant, sous l'effet d'une crise nerveuse, des confidences intimes sur sa vie de couple avec Bouvard. Le moindre soupçon de reproche formulé par Bouvard (« Je m'étonne que vous ne trouviez pas la réponse, monsieur Martin. »), fait surgir la scène de ménage :

— Ah ! Ne me parle pas comme ça, s'il te plaît ! Il y a du monde ! Attends au moins que nous soyons à la maison ! Tenez, regardez, monsieur Dutourd, ça c'est un bleu qu'il m'a fait hier au soir avec un tisonnier, parce que la soupe n'était pas assez chaude. (*En larmes.*) Il est de plus en plus violent et je ne sais plus quoi faire pour lui faire plaisir, moi ! Ma mère m'avait bien dit pourtant de ne pas l'épouser !

Puis sont venues les allusions à une prétendue calvitie de l'animateur, et au port palliatif d'une perruque synthétique. En réponse à ces basses attaques, Bouvard a eu beau inviter leurs auteurs à lui tirer sur le champ les cheveux et prendre le public à témoin des résultats de cette investigation : la rumeur renaissait la semaine suivante. Première salve de Martin, d'une belle voix de réactionnaire en béret basque :

— Regardez comment il est coiffé, on dirait une gonzesse !

Feu croisé de Kersauson :

— En plus on dirait une poupée Barbie, parce que sa moumoute c'est de l'acrylique... avec son costume de maquereau et ses cravates de gigolpince.

Autre malveillance appelée au succès et dont on trouve une fois de plus l'origine dans les propos de Jacques Martin, Bouvard serait devenu, d'année en année, un adepte de plus en plus fervent des plaisirs offerts par le bois de Boulogne. Le trajet quotidien, en direction de son domicile de l'ouest parisien, qui l'oblige à traverser le lieu de perdition, a servi de fondement à ses allégations. Là encore, les dénégations du calomnié sont restées sans effet. L'occasion de rire était trop belle. D'autant plus qu'à chaque nouvel assaut, la victime se défendait plus mollement, se contentant finalement, prise de fou rire, de dodeliner sur son siège, « comme un petit chien en plastique sur la plage arrière d'une voiture », ainsi que l'a décrit un jour Sim.

Cette revue de détail des disgrâces et des turpitudes de l'animateur ne serait pas complète si l'on oubliait d'évoquer l'angle d'attaque le plus redondant : la taille. Le sujet vient parfois très vite sur le tapis. Générique de début d'émission et salut de Bouvard aux auditeurs :

— Bonjour !

Kersauson s'exclame illico :

— Oh ! Comme il est mignon avec son cartable !

Martin, en renfort :

— Tu n'as pas pleuré pour le premier jour?

Kersauson encore :

— Elle est gentille, ta maîtresse?

Dans ces cas-là, que dire? Protester? Faire la sourde oreille et lancer sa première question? À quoi bon. Autant poser sa tête sur le billot :

— Je n'ai pas pleuré parce que ma maîtresse était très belle.

Le sacrifice est habile et payant : le public rit plus de la repartie de Bouvard que des manœuvres de ses tortionnaires. L'Amiral, oscillant toujours entre la tendresse et la moquerie, poursuit :

— Il a une culotte toute neuve, comme il est mignon. Déjà en classe, si petit, ben dis donc!

Jacques Martin l'accuse-t-il d'avoir, pendant des années, fait passer des auditions « privées » à toutes les chanteuses débutantes de Paris? Bouvard le remercie aussitôt de lui faire revivre de si bons souvenirs. Pour désamorcer la méchanceté des calomniateurs, le moyen le plus simple peut être de feindre d'authentifier leurs propos. Cela a été, quelque temps, la ligne de défense adoptée par l'animateur. La riposte des assaillants n'a pas été très longue à venir : puisque l'attaque frontale n'était plus possible, il fallait frapper de biais, c'est-à-dire par allusion. La parole est à Gérard Jugnot :

— Qu'est-ce que c'est que toutes ces histoires du bois de Boulogne?

Martin se charge de l'explication :

— Voilà, si tu passes un soir par le bois de Boulogne, tu constateras une chose assez étonnante. Les automobilistes français sont les plus honnêtes et les plus consciencieux du monde. À partir de vingt heures trente, des gens, qui ont quand même travaillé huit à dix heures, se rendent au bois de Boulogne pour vérifier le bon fonctionnement de leurs phares : phares, codes, phares, codes, afin de ne pas avoir d'accidents lorsqu'ils emmèneront femmes et enfants en week-end.

Jean Yanne, en renfort, se lance sur les traces de Martin :

— Ils essaient leurs freins également... Ils ralentissent.

Martin, regard en coin pour le maître des lieux, reprend :

— Et s'il y a quelqu'un qui est en panne au bord du trottoir, spontanément, ils n'hésitent pas à ouvrir leur portière pour lui dire : « Je vous emmène. »

Les invités et le public rient. Yanne poursuit :

— Certains proposent à une dame de la déposer quelque part.

Il ne s'agit que de civilités. Les rires du public fusent. Yanne poursuit son explication.

— On les voit, ils font dix mètres à peine et la dame redescend. C'est gentil.

Martin aussi tient à communiquer ses observations :

— En réalité, ces dames sont des inspectrices de la route, car j'ai remarqué qu'une fois installées dans la voiture, elles se penchent très souvent, la tête en avant, pour voir si les pédales fonctionnent correctement. Le nombre de femmes au bois de Boulogne qui, pendant que le conducteur avance doucement, regardent si le gars met bien les pieds où il faut est étonnant.

COULISSES ET LINOLÉUM

Quatre invités, pas un de plus, pas un de moins. C'est la règle, presque toujours respectée. On est en droit de s'interroger, et le courrier des auditeurs ne s'en prive pas, sur les raisons d'un tel quota. Elles sont relativement simples et répondent à des impératifs de mise en scène : un comique, son faire-valoir, un culturel et un pittoresque, chacun a son emploi. Encore faut-il ajouter à ce quatuor deux autres *Grosses Têtes*, Philippe Bouvard bien sûr, et le public du grand studio de la rue Bayard, qui ne ressemble à aucun autre. Il faut aussi citer Éric Laverdin, qui a succédé depuis un an à Bernard Desfoux, pour le minutage et le montage des enregistrements. Un travail de microchirurgien, consistant à disséquer une bande magnétique : derrière une heure d'émission diffusée se cache une journée entière de montage minutieux.

Une heure avant l'ouverture des portes du grand studio, la foule patiente déjà dans la rue, qu'il neige ou qu'il vente. Le gros de la troupe est formé d'une centaine d'habitués, qui ne rateraient pour rien au monde les deux ou trois séances hebdomadaires pendant lesquelles on procède aux enregistrements. Parler de messes serait plus adéquat tant ils s'y pressent avec une ferveur qu'on ne rencontre plus guère que dans les églises de campagne. À ce jour, la direction de RTL n'a toujours pas envisagé de faire poser sur les sièges du studio les plaques nominatives qui récompenseraient l'assiduité de ces fidèles. Ils s'abstiennent de souffler les réponses, car Bouvard serait alors obligé d'annuler la question. C'est la règle.

Les invités des premières émissions se souviennent avec amusement de Denise, forte blonde que l'on imaginait cabaretière (Sim avoue l'avoir tenue longtemps pour une tenancière de maison close à la retraite), et qui ne venait jamais rue Bayard sans un assortiment de victuailles. Gâteaux, charcuteries diverses, friandises, tout un lot de bonnes choses passait directement du fond de son cabas sur les pupitres des *Grosses Têtes*. Ces douceurs, dans lesquelles Bouvard voyait « des offrandes propitiatoires destinées aux dieux de la radio » s'accommodaient assez bien avec les bouteilles de bon vin que certains invités, tels Jean-Pierre Coffe ou Jean Carmet, apportaient. De là est née la légende selon laquelle les enregistrements des *Grosses Têtes* sont autant d'occasions d'agapes. Pour en finir avec Denise, il faut ajouter que nul, invité ou membre du public, au grand jamais, ne l'a vu s'intéresser aux questions ni même sourire au plus fort de la gaudriole. Un personnage énigmatique qui est presque mort sur scène. Un malaise l'a prise un jour au cours d'une émission. Le lendemain, elle était décédée. On mange beaucoup moins, depuis, rue Bayard.

Aux *Grosses Têtes*, chacun apporte son humour, sa personnalité et sa culture : ce sont là les trois mamelles de l'émission.

Son humour parce qu'il faut bien dérider le public. Sa personnalité parce qu'il est apparu très vite que ce sont les rapports (vrais ou supposés) de rivalité ou de connivence, qui constituent la véritable trame de l'émission. Sa culture enfin, parce qu'elle fournit le fil rouge. À ce jour, on estime à plus de cent mille les questions posées à l'antenne de RTL. Les auditeurs y pourvoient, et parmi eux un petit nombre d'inconditionnels sont capables d'envoyer, la même semaine, une vingtaine de colles parfaitement mises en forme et prêtes à l'emploi. Mme Le Prieur d'Agon-Coutainville, rendue célèbre par la citation de son patronyme, depuis vingt ans sur les ondes est de ceux-là. Les deux secrétaires de Philippe Bouvard à RTL, respectivement prénommées Claire et Claire, et qui forment une entité bicéphale répondant à l'appellation « les deux Claire », se chargent, à la réception des questions, de trier le bon grain de l'ivraie et de procéder aux indispensables vérifications. Il faut rendre hommage à tous ces fidèles épistoliers qui, lorsqu'ils réussissent à concocter une question particulièrement difficile, reçoivent un chèque qui suffira à peine à couvrir leurs frais de timbres et d'enveloppes et ne payera certainement pas les heures de travail, car c'en est un, passées à consulter de lourdes encyclopédies ou des anthologies austères. *Les Grosses Têtes* ne sont pas un jeu d'argent. Leur véritable récompense est autre que financière : elle est de pouvoir, parfois, prendre en défaut la culture de

Jean Dutourd, de Jacques Martin ou de Robert Sabatier. Un titre de gloire clamé à la France entière par Philippe Bouvard. Un éphémère couronnement par la voix des ondes.

Cette assiduité à concourir a fini, les années passant, par poser un problème inattendu : pour ne pas citer, la même semaine, dix fois le nom d'un même auditeur et donner ainsi une désagréable impression de favoritisme, il a été décidé de maquiller les plus endurants d'entre eux, de leur donner des pseudonymes. Ainsi sont nées, par exemple, Mme Crépu de La Motte, Mme Chamouillé et Mme Bellepaire de Loches. Est également apparu le leitmotiv qui se rattache à ces personnages fictifs et qui consiste à demander à Bouvard s'il n'a pas honte de ces jeux de mots douteux. Le cas de Mme Lemaire d'Houilles est encore plus notable puisqu'il a suscité, il y a quelques années, un courrier amical du maire comptant parmi ses concitoyens cette administrée fictive. Le premier magistrat d'Houilles a tenu à remercier Philippe Bouvard pour la publicité ainsi faite à sa commune. Un surcroît de renommée qui n'a pas coûté un sou au contribuable. Durant la semaine qui a suivi, en réponse à ce courrier, la ville d'Houilles s'est vu gratifiée, en signe d'amitié, de la naissance d'un nouvel administré, M. Sapan.

Autre conséquence imprévisible, cette avalanche de pseudonymes facétieux a encouragé des vocations : depuis longtemps déjà, les auditeurs, pensant faciliter la sélection de leurs questions, se sont délibérément affublés, dans leur lettre, de noms loufoques. Les deux Claire se sont ainsi vues peu à peu partiellement déchargées du redoutable casse-tête d'en inventer de nouveaux.

Ce sont aussi les deux Claire qui réceptionnent le courrier que, des quatre coins de la France, les auditeurs font parvenir aux invités. Dans les minutes qui précèdent l'enregistrement, lorsque chacun arrive en régie et avant même de s'installer au micro, le rituel s'est instauré d'ouvrir son paquet d'enveloppes et d'y dénicher les salutations des admirateurs. Lorsque, ce qui est étrangement assez rare, compte tenu de la forte audience, il y a une lettre d'injures, peu de *Grosses Têtes* résistent au plaisir d'en offrir à la cantonade les passages les plus croustillants. C'est à l'occasion de ce cérémonial que les *Grosses Têtes* ont expérimenté, pour la première et la dernière fois, un genre radiophonique éloigné de leur tradition : le canular téléphonique.

Ce jour-là, Philippe Bouvard et Daniel Ceccaldi sont les premiers arrivés et, après avoir salué l'équipe, se penchent sur leur courrier respectif. Bouvard, décachetant et parcourant les plis qui lui sont adressés, tombe en arrêt sur l'un d'entre eux, le relit avec une attention accrue et finit par le tendre à Daniel Ceccaldi :

— Dites-moi ce que vous pensez de ça.

Une feuille manuscrite et une coupure de presse, assemblées au moyen d'un trombone, forment le contenu de l'enveloppe. De la lettre, il ressort que l'expéditeur, fidèle auditeur parisien, est tombé par le plus grand des hasards sur une étonnante petite annonce du *Figaro*, qu'il a cru bon de découper et de faire parvenir à Philippe Bouvard. Suivent quelques formules de politesse épistolaires. La coupure de presse, elle, est plus laconique : « Cherche à vendre linoléum, 15 m^2, bon état, appelez P. Castelli. » Un numéro de téléphone conclut l'annonce. Daniel Ceccaldi n'y croit pas.

— Non. Ça ne peut tout de même pas être *lui*.

Bouvard et Ceccaldi, sans s'attarder sur l'esprit de délation qui leur a valu cette missive, débattent des probabilités, puis s'avisent que la vérification de l'identité de ce P. Castelli est aisée : il suffit de demander à une des deux Claire si le numéro de l'annonce coïncide avec celui de leur répertoire. Vérification vite effectuée et sans appel : Philippe Castelli est bel et bien l'heureux possesseur de quinze mètres carrés de linoléum, en bon état. Bouvard et Ceccaldi, au comble de la joie, imaginent l'acteur dans son studio montmartrois, attendant fiévreusement le coup de fil du gogo qui le débarrassera d'une encombrante surface de plastique stratifié. Ils se gaussent. Deux gamins qui se poussent du coude parce qu'un troisième a un trou à son pantalon.

Bernard Tapie, invité pour la session, arrive alors et s'enquiert de ce qui semble tant réjouir les invités du jour. On se contente, en guise de réponse, de lui mettre sous le nez le petit morceau de papier qui a tout déclenché.

— Non. Ça ne peut tout de même pas être *lui*.

On le tient au courant de la rapide enquête et de son résultat. Sournoisement, Philippe Bouvard enchaîne en lui rappelant qu'en de nombreuses occasions, il a, lui, Bernard Tapie, soutenu être en mesure de vendre n'importe quoi à n'importe qui.

— Sauriez-vous *acheter* n'importe quoi à n'importe qui ? Et pour un prix ridicule ?

Bernard Tapie relève le challenge :

— Appelez-moi Castelli et déclenchez le magnéto.

Chacun s'installe et les haut-parleurs sont branchés pour que tout le monde puisse profiter du déroulement de la négociation téléphonique ; la sonnerie est courte, on décroche :

— Allô ? Philippe Castelli à l'appareil.

— Bonjour monsieur, je vous appelle au sujet de la petite annonce que vous avez fait passer dans *Le Figaro*. C'est bien vous qui cherchez à vendre un linoléum ?

À l'autre bout du fil, la voix traînante, Castelli confirme. La discussion s'engage. Elle prend tout d'abord un tour pratique et concret :

— Pourriez-vous me décrire le dessin du linoléum ?

Autour de Tapie, on pouffe de rire. Il plaque le combiné contre sa poitrine et demande le silence.

— Eh bien... il y a des lignes et des carrés.

— Et la couleur ?

— Dans les marron.

Dans la régie du grand studio de RTL, on s'étrangle pour ne pas éclater de rire. Tapie est imperturbable et aborde la question financière. Le prix demandé le fait bondir.

— Quoi ! Il est hors de question que je paye aussi cher un linoléum de seconde main. Faites-moi une autre offre.

Castelli semble disposé à rabattre ses prétentions. Feignant une légitime suspicion, Tapie se décide à poser LA question, celle qu'on enseigne impérativement dans toutes les bonnes écoles de commerce :

— Mais pourquoi voulez-vous vous en séparer au juste ?

Les explications embrouillées de Castelli ne permettent pas de comprendre ce qui a bien pu le conduire à faire paraître cette annonce. Qu'importe : Tapie, après avoir déstabilisé son adversaire, relance la négociation. Et il s'y montre habile puisqu'au bout de quelques minutes, le prix initialement exigé se trouve rabattu de quatre-vingts pour cent ! Un accord verbal est conclu pour une somme inférieure à trois cents francs. Il semble que le vendeur soit plus soucieux de se débarrasser de son bien que de réaliser une plus-value. L'acheteur affiche un sourire victorieux et appelle déjà, du regard, les félicitations du jury. Son opposant n'était pas, il est vrai, un modèle de pugnacité. Tapie contre Castelli, un match truqué. Une question reste à régler :

— Bon, quand pouvez-vous me livrer ?

Castelli laisse passer un moment de surprise.

— Vous livrer ? Moi ?

— Bien sûr, vous ne supposez tout de même pas que je vais payer le surcroît de transport ?

— Mais... c'est que moi je ne sais pas conduire.

À cet aveu, on explose de rire. Tapie tente de faire rebondir la négociation, mais Castelli commence à se méfier. Il raccroche, mettant un point final à un canular qui a « tenu » près de quinze minutes et qui se solde par une victoire de l'homme d'affaires, par forfait de l'adversaire. L'enregistrement, qui sera passé plusieurs fois à l'antenne au cours de la semaine, aura eu le mérite de familiariser la France entière avec quelques techniques de base de la négociation commerciale. Et surtout d'offrir un grand moment de fou rire.

GROS LÉON

L'histoire de l'émission n'aurait pas été la même sans lui. *Les Grosses Têtes* ont permis à Léon Zitrone d'offrir au public une autre image que celle d'un sphinx solennel, vénérable pionnier de l'ORTF. Dès ses premières participations, la statue du commandeur herzien s'est un peu lézardée sous les coups de boutoir de ses petits camarades trop heureux de provoquer un Léon réputé ombrageux. Martin fut un des premiers à mener l'assaut et à brocarder le mythe :

— Chez Léon, il y a un poste mais il est vide. Il n'y a que la boiserie et quand il rentre chez lui, il se met derrière le poste et il fait : « Bonsoir, ma chérie. Après huit heures de travail, je suis heureux de rentrer à la maison. Ici Léon Zitrone, mon amour, dans quelques instants, nous allons passer à table. Qu'y a-t-il à manger? — Eh bien, nous aurons des sardines. — Mesdames, messieurs, bonsoir. Ici Léon Zitrone, je t'aime ma chérie... » Alors, Mme Zitrone, excédée, change de chaîne!

Bien sûr, il est arrivé à quelques reprises que Léon se

fâche mais, très vite, il a su entrer dans le jeu de ses assaillants et même leur tendre des verges pour se faire battre.

Impossible de parler de Léon Zitrone sans évoquer sa légendaire gloutonnerie. Le spectacle de magie qu'il donnait au grand studio de la rue Bayard ébahissait à coup sûr ses convives et le public : un numéro de disparition d'aliments. En grand professionnel des médias qu'il était, Zitrone prenait soin de s'écarter du micro pour mâcher. Tout cela n'allait pas, bien sûr, sans quelques accidents vestimentaires que Kersauson s'empressait de décrire à l'antenne, brisant du même coup une impunité que le gourmand croyait éternelle :

— C'est votre ruban de la Légion d'honneur que vous arborez, Léon ? Ah ! pardon, c'est une tache de confiture.

Et le marin de plaindre la femme du décoré :

— Elle doit bien faire dix lessives par jour, la pauvre.

Balutin donnait alors le coup de grâce :

— À lui seul, Léon fait la moitié du chiffre d'affaires du pressing de son quartier.

Gros Léon (pseudonyme à la fois irrévérencieux et affectueux dont Jacques Martin l'avait gratifié) ne faisait pas que manger au cours des émissions. Il lui arrivait aussi de se sustenter avant la représentation. En juillet 1985, une demi-heure avant un gala à Nevers, le maire, Pierre Bérégovoy, accessoirement ministre de l'Économie et des Finances, vient saluer les participants des *Grosses Têtes*. Castelli, Sim et Jugnot sont là, mais Zitrone manque encore à l'appel. Le maire fait part de son inquiétude : Léon viendra-t-il ? L'occasion est trop belle pour Sim et Jugnot qui affirment sans rire que le retard de Léon est dû à un détour par une teinturerie du quartier. Bérégovoy s'étonne. Les plaisantins embrayent par une description de la façon dont Zitrone se nourrit et, ajoutant l'exagération à la médisance, finissent par persuader l'Excellence que Léon ne fait pas de gala sans se couvrir de taches. C'est Jugnot qui conclut la charge par un avertissement :

— Lorsque tout à l'heure il va nous rejoindre au buffet, méfiez-vous, Monsieur le ministre, car il risque d'envoyer vers vous toutes sortes de projectiles !

Le calomnié arrive enfin, commence par serrer la main du ministre avant d'opérer une rapide razzia sur le buffet. Puis il revient se mêler à la conversation du groupe sans cesser de faire un sort à ses sandwichs. Se produit alors l'inévitable : un morceau de jambon s'échappe de la bouche du roi du commentaire hippique et atterrit sur la main ministérielle. Zitrone pâlit et se répand en excuses. Bérégovoy, débonnaire, le rassure en lançant une réplique digne des *Grosses Têtes* :

— Laissez, Jugnot m'avait prévenu...

Nécessaire avant-propos des galas, le buffet permettait à chacun de prendre des forces en vue des deux ou trois heures de spectacle. Léon était, de l'avis général, le plus attaché à cette tradition. Les atteintes à sa garde-robe n'étaient pas les seuls inconvénients de ce culte. Et Sim témoigne volontiers aujourd'hui d'un incident, avec dans la voix une petite émotion pour la mémoire de Léon :

— Une fois, il a eu un malaise avant d'entrer en scène. C'était dix minutes avant d'attaquer le spectacle. Je sors de la caravane qui m'était prêtée en guise de loge et je le vois venir à ma rencontre. Je me rends compte qu'il est tout pâle, mais vraiment pâle. Il arrive près de moi et il me dit : « Mon cher Sim, ça ne va pas du tout. » Et là, instantanément, il restitue sur ma veste de scène les hors-d'œuvre qu'il venait d'avaler ! On l'asseoit, on s'occupe de lui et moi, pendant ce temps, je retourne vite dans la caravane me laver et me changer. J'avais, Dieu merci, une veste de secours. Au moment où je ressors, je le vois venir vers moi, l'air catastrophé. Il me dit : « Écoutez, mon cher Sim, je vous prie de m'excuser pour ce qui s'est produit tout à l'heure, je... » Et là-dessus il m'envoie le dessert ! Je regagne ma loge et je reviens pour le spectacle. Le pauvre Léon n'était pas bien du tout et moi j'ai fait le spectacle en costume de ville car j'étais à court de vêtements de scène. Le lendemain, je reçois un coup de fil de mon Zitrone. Je prends la ligne en me disant que je ne risque rien au téléphone. Et je l'entends qui me dit : « Écoutez, mon cher Sim, je suis vraiment navré de ce qui s'est passé hier. Je vous appelle pour vous dire de faire faire un nettoyage de vos costumes à mes frais. J'y tiens. » Il se tait un court instant, puis il ajoute, après avoir réfléchi : « Comme je crois que j'ai fait beaucoup de dégâts, faites quand même faire un devis. »

Les anecdotes sur Léon Zitrone se comptent par centaines, toutes plus drôles les unes que les autres et toutes éclairantes sur le caractère parfois soupe au lait du personnage. Ceux qui l'ont fréquenté au temps de sa splendeur professionnelle sont les mieux renseignés. Parmi eux, Michel Drucker qui, lorsqu'il est invité à RTL, ne résiste pas au plaisir d'égrener des souvenirs où se mêlent admiration et tendresse amusée :

— À l'époque, j'étais jeune journaliste. Cette année-là, j'assurais le reportage du Tour de France avec Léon. L'histoire se passe durant l'étape Saint-Étienne-Alpe-d'Huez. J'étais assis dans une voiture de la caravane avec Carlos et Léon. Dans les côtes, la voiture avait du mal à grimper. Il y avait aussi un jeune journaliste, Bernard Giroux, qui était l'assistant de Léon. Des milliers de spectateurs s'étaient massés de chaque côté de la route. Il faisait beau et Léon avait passé la tête par le toit ouvrant de la voiture. Les gens, en le voyant, disaient : « T'as vu, c'est Léon Zitrone ! » Léon avait les yeux mi-clos, il semblait visiblement bercé par les murmures dus à sa notoriété. Or, à un moment, on a tous entendu : « Oh ! T'as vu, c'est Bernard Giroux qui est dans la voiture ! » Zitrone s'est aussitôt rassis, un peu vexé, il a regardé son assistant et il lui a dit : « Vous avez de la famille dans la région ? »

Les *Grosses Têtes* qui ne connaissaient pas l'histoire rient autant que celles qui l'avaient déjà entendue. Elle est si savoureuse. Drucker se sent encouragé à poursuivre :

— J'en ai une autre. C'était à l'époque où Léon faisait les petits matins de RTL avec Maurice Favières. Il arrivait à trois heures et demie. Un jour, il débarque rue Bayard vers quatre heures moins le quart. Il y avait un énorme camion qui bloquait le passage et Léon se met à engueuler le camionneur qui était énorme, lui aussi. Il lui dit : « Jeune homme, l'information n'attend pas ! » Et le gars, qui avait une caisse de bière sur l'épaule, prêt à livrer, ne fait pas attention à Léon. Alors Léon, furieux, lui crie : « L'information n'attend pas, je suis Léon Zitrone ! Circulez, voyons, circulez ! » Le camionneur lui fait signe : « Écrase, bonhomme. » Comme Léon continue, le type lui fait même un bras d'honneur. Léon, à ce moment-là, se met à hurler dans la rue : « Monsieur, à partir d'aujourd'hui, je vous raye de la liste de mes auditeurs ! »

Bouvard, bien qu'il connaisse l'anecdote, la trouve si délicieuse qu'il laisse échapper une marque de tendresse pour son principal protagoniste :

— Ah ! Il est bien, notre Léon !

Drucker surenchérit :

— Mais, tu sais, c'est permanent avec Léon. L'autre jour, on était dans la rue et il dit à une dame qui le regardait, mais sans le voir vraiment, les yeux dans le vague : « Madame, je vous interdis de me reconnaître. » Et la dame lui demande : « Mais à qui ai-je l'honneur ? »

Une pierre de plus vient d'être apportée à l'édification de la légende de Léon Zitrone. Kersauson se lance dans l'un de ses phénoménaux numéros d'improvisation :

— Je vais, grâce au livre publié par Laura Zitrone, vous dire comment ça se passe chez Léon. « Ah ! Mon petit mari ! Lorsque la cloche sonne, je me précipite vers la porte, notre chien Mirza aboie. Ça y est. Il rentre à la maison tandis que miaule notre chat Minou. Léon est dans la pièce, il est là, un peu pâle, sombre ce soir, et moi, qui lui porte une affection grande et longue, je regarde cet homme dont je suis la compagne dans la vie depuis tant de temps. Les journées passent, les moments s'effeuillent. Il est à chaque fois tendre, affectueux, délicat. Il me donne chaque jour le meilleur de lui-même dans une existence qui n'est pas facile. Lorsque nos enfants partent en vacances, il n'oublie pas de leur donner à chacun, à chaque fois, un petit cadeau. Léon et moi, c'est bien plus qu'une vie, c'est une vie de couple qui a été relativement agréable et merveilleuse, et ce que j'ai aimé chez lui, en fait, c'est son professionnalisme, son sens de l'attaque. » Quelqu'un peut-il me tourner la page?

Bouvard donne aux auditeurs tous les éléments susceptibles de leur faire apprécier à sa juste valeur la prouesse du vicomte :

— Très beau numéro d'extralucide puisque Olivier de Kersauson racontait la vie de Léon Zitrone avec le livre de Laura Zitrone placé derrière la tête et non pas devant!!!

Jugnot brode sur le thème du numéro d'extralucide :

— Monsieur Kersoska, monsieur Kersoska, vous êtes avec moi? Pouvez-vous me dire ce qu'il y a au bas de la page 327?

Martin endosse le costume proposé par Jugnot :

— Je vais vous le dire. Je me concentre, ça y est, je suis avec vous. « Léon est rentré ce soir, légèrement fatigué. Il a des soucis. À Cognacq-Jay rien ne va plus. Il défait lentement son pantalon. J'admire ses longues jambes musclées. Ayant remarqué que je l'observe, c'est presque avec une coquetterie féminine qu'il fait sauter les deux boutons de son caleçon. Avec des grâces de jeune fille, il retire son bandage herniaire et commence à dévisser sa fausse jambe. Lorsqu'il a tout mis dans sa valise, il se couche. C'est drôle, je suis à côté, est-il couché sur le dos ou sur le ventre? Je ne peux plus faire la différence depuis qu'il a repris trois fois de la choucroute. Brusquement, il me dit : "Devine à quoi je pense." »

Le public hurle de rire. Le pastiche est énorme et il aime ça. Kersauson, en proie à un regain d'inspiration, reprend les rênes :

— « Je lui répondis timidement, dans la douceur de la nuit, que je pensais à notre futur, au bonheur qui pourrait encore nous être accordé sur l'oreiller que j'avais brodé moi-même la veille. Léon resta dans le silence. Un soupir s'échappa de son corps, c'était comme une tempête, une tempête dans laquelle il m'emmenait, romantique. Je sentais ses narines dilatées qui poussaient un souffle puissant. »

Du regard, l'Amiral réclame le soutien de Martin, qui, toujours secourable, bondit :

— « Déjà, les portes claquaient. Le papier peint se déchirait par endroits. Léon allait enfin connaître la volupté. Je m'attendais à tout! Ses barrissements avaient déjà réveillé l'immeuble. Les pompiers accouraient et hissaient la grande échelle. Et moi? Allais-je enfin connaître l'orgasme? »

A nouveau, l'Amiral s'empare du micro pour poursuivre dans la voie tracée par son camarade :

— « Non, il fallait que je l'arrête! Les enfants n'étaient pas dans la tranchée, dans la cave. Les petits n'avaient pas mis leurs casques dans leurs berceaux blindés. "Arrête, arrête!" criai-je... Trop tard! Nous nous retrouvâmes deux de moins d'un côté et trois de plus de l'autre. »

Martin clôt la séance de lecture :

— C'était extrait de *Mon mari Léon Zitrone*, par Laura Zitrone, aux éditions du Rocher.

Kersauson lance un ultime slogan publicitaire :

— Du sexe à chaque page ! Ainsi que des photos en couleurs !

Irritable, Léon Zitrone ? À vrai dire, les *Grosses Têtes* n'ont jamais trouvé que deux sujets de conversation à propos desquels le pape du reportage hippique était capable de monter sur ses grands chevaux : son appartenance au KGB et la fidélité de sa femme. Les rares tentatives, même allusives, en ce sens lui ont fait froncer les sourcils et protester, sans toujours réussir à imposer à ses pairs une élémentaire retenue. En revanche, brocarder Léon sur son appétit pantagruélique était une habitude bien installée et acceptée de bonne grâce par l'intéressé. Un morceau de pain et une tranche de jambon, savamment assemblés pendant le générique et voracement attaqués en début d'émission, sont à l'origine d'une scène comique restée dans les mémoires sous l'appellation du « goûter de Léon ».

Ce jour-là, en regardant Zitrone mordre dans son sandwich, Jacques Martin semble subir le même supplice que Tantale et finit, levant un main suppliante, par apostropher la régie :

— Mademoiselle, une choucroute s'il vous plaît.

Puis, s'adressant successivement à Charles Level et à son hôte :

— Qu'est-ce que tu prends, toi ? Et vous ?

Philippe Bouvard rit mais ne quitte pas le sandwich et son propriétaire des yeux.

— Oh ! moi, je regarde Léon manger, c'est un régal.

Manière de dire qu'un spectacle aussi dantesque suffit à nourrir son homme. À moins qu'au contraire il ne soit de nature à couper l'appétit. Léon, entre deux bouchées, cherche tout de même à expliquer la raison de cette collation improvisée :

— Je vous demande pardon, mais depuis ce matin je n'ai rien pris, et nous sommes au beau milieu de l'après-midi.

Philippe Bouvard, intrigué, pose une question qui ne figure pas sur ses fiches.

— Mais, vous mangez combien de fois par jour ?

Surpris — mais pas au point de laisser échapper son fromage — Zitrone répond tout naturellement :

— Au petit déjeuner, au déjeuner et au dîner.

Martin croit bon de préciser :

— S'il ne paye pas.

Zitrone, passant outre les rires du public, ne se laisse pas interrompre dans sa tentative d'autojustification :

— Mais comme je n'ai pas déjeuné puisque j'étais dans le train, car j'arrive de Marseille et...

Profitant d'une fraction de seconde pendant laquelle Léon a semblé hésiter entre continuer à parler et se remettre à mordre dans son pain, Martin s'empare du créneau :

— Et comme il fallait payer pour acheter un sandwich SNCF, il s'est dit : « Attendons d'être à RTL où il n'y a rien à débourser. »

Zitrone, malgré son fou rire, tente de répliquer :

— Ce n'est pas cela, vous êtes... vous êtes un...

Le mot ne vient pas. Léon a trop d'affection pour son tortionnaire. Ce dernier n'est pourtant pas tendre :

—Par exemple, lorsqu'il est arrivé ici, il est allé faire pipi. Dans le train, il s'était retenu parce que ça coûte deux francs.

Martin, après des éclats de rire mérités, « sèche » un peu. Zitrone trouve enfin l'occasion de s'expliquer :

— Si je n'ai pas mangé, c'est parce que la nourriture dans le train n'est pas bonne.

Cela a été dit sur le ton mi-implorant que prendrait pour s'excuser un élève arrivé en retard à l'école. Compréhensif, Bouvard appelle Martin à plus de tolérance :

— Il faut laisser Léon goûter tranquillement, c'est sa joie.

Soit, puisqu'il ne peut pas poursuivre sa mise en boîte, Martin fait mine d'adopter l'attitude inverse et se montre prévenant :

—Pourquoi vous ne prenez pas un plat chaud? C'est pas bon de manger froid à votre âge.

Le public rit, Zitrone continue d'avaler. Chaque bouchée semble être une victoire sur l'adversité. S'adressant de nouveau à la régie, Martin poursuit de plus belle :

— Mademoiselle, voyez à la cantine de RTL ce qu'il y a. Voyez ce qu'a mangé la direction à midi et apportez-lui les restes, il n'est pas regardant.

Léon laisse dire. Martin tente autre chose :

— Quelle est votre consommation quotidienne en boisson?

Léon doit répondre. Après tout, il est à la radio.

— Je bois trois à trois litres et demi d'eau par jour.

— Et en foin, en fourrage, enfin en nourriture quoi?

Le public hurle de rire et Zitrone, conquis par l'énormité de l'humour de Martin, décide d'abonder dans son sens :

— En foin, je prends mes quinze litres.

Bouvard en rajoute :

— Ça, pour faire du foin, on peut dire qu'il a toujours fait du foin.

Probablement influencé par son amour des chevaux, Zitrone poursuit sa propre caricature, faisant redoubler les rires :

— En fourrage, s'il est de bonne qualité, je me contente de peu. Mais je prends de l'avoine et de l'orge.

Martin conclut :

— Vous êtes omnivore.

Martin, toujours, prenant la voie d'un commentateur de défilé de mode, change d'angle d'attaque. Il prend à témoin le public :

— Monsieur Zitrone, regardez-le, mange avec énormément d'élégance. Il ne s'alimente pas dans le chemin de fer parce que ça tremble mais ici, où la situation est stable, vous venez de le voir se goinfrer une bouchée qui faisait bien dans les sept cents grammes.

L'inspiration vient alors à Zitrone qui croit avoir trouvé le moyen de clore le bec à son maître Renard :

— Voulez-vous une moitié de mon jambon?

Un peu surpris par la diversion, Martin se ressaisit :

— Non merci.

— Voulez-vous la moitié de mon pain et la moitié de mon jambon?

— Mais non, je ne voudrais pas vous priver.

— Voulez-vous, dans ce cas, mon pain et mon jambon? J'en commanderai un autre.

Cette fois, Martin, sous l'effet de son propre fou rire, doit lâcher prise. Le répit pour Zitrone sera de courte durée puisque Bouvard prend aussitôt le relais :

— De toute façon, Léon, vous postillonnez tellement qu'on en aura tous un peu tout à l'heure.

Martin rebondit sur le reproche de Bouvard et s'adresse, dans le public, à une dame du premier rang :

— Madame, comment trouvez-vous le hachis que vous prenez en pleine poire?

La dame rougit et regarde Léon qui a le réflexe chevaleresque de répondre pour elle :

— Je mange proprement et les gens comprennent parfaitement que je n'ai pas pu manger dans le train.

Bouvard délaisse encore ses fiches pour une question fortuite mais intéressante :

— Et pourquoi lorsque vous présentiez le journal à la télévision, vous ne faisiez jamais ça?

Zitrone, apostrophé en pleine mastication, ne peut empêcher Martin de répondre à sa place :

— Parce qu'il prenait le biberon à cette époque. Il a été sevré par Christine Ockrent.

On se tient les côtes. Martin, encouragé, entame un commentaire des faits et gestes de sa victime du jour :

— Regardez les grosses bouchées qu'il s'enfourne! Regardez combien de fois il mâche! Trois, quatre, cinq, six, sept, huit, neuf, dix, onze...

Une déglutition permet à Léon de reprendre la parole et de faire la nique à son irritant compère :

— Et une pour papa, et une pour Martin...

Imperturbable et déterminé, ce dernier prend aussitôt le ton affectueux et éducatif qu'il utilise ordinairement au théâtre de l'Empire, lorsqu'il anime son *École des Fans* :

— Il avale après douze mastications alors forcément c'est pour ça qu'il a un gros ventre. Pour bien digérer, il faut mâcher trente fois mon petit. Sinon vous serez malade.

Bouvard, convaincu lui aussi qu'on peut recevoir des conseils à tout âge, enchaîne :

— Et puis il ne faut pas manger les serviettes en plus.

Martin continue de prendre le public à témoin :

— Regardez le pain, comme il le ramasse avec sa trompe ! C'est formidable.

Sa dernière bouchée engloutie, l'éléphant est désormais en mesure d'organiser sa défense :

— Qu'est-ce que je pourrai répondre ensuite aux gens qui me diront dans la rue : « Monsieur Zitrone, pourquoi est-ce que...

Martin termine sa phrase :

— « ... pourquoi est-ce que vous n'êtes pas un pachyderme ? »

— Non ! « Pourquoi est-ce que vous laissez monsieur Jacques Martin être aussi désagréable avec vous ? » Alors je réponds : « Moi, Martin, je l'aime. » Et l'on me dit : « Mais non, vous ne devriez pas ! Martin, il est méchant avec vous. »

La voix de Zitrone avait des accents d'homme blessé. L'affection reprend ses droits, Martin redevient sérieux :

— Mais c'est faux. Vous êtes l'homme que j'admire le

plus. Et c'est vrai. Je vous tiens pour un immense et irremplaçable professionnel et...

Repu et hilare, Zitrone interrompt son thuriféraire et donne une conclusion logique à ce tardif déballage de bons sentiments :

— Alors laissez-moi me nourrir.

Martin, qui ne s'attendait pas à cette chute, reste bouche bée. Les applaudissements qui secouent le studio sont pour Léon Zitrone et marquent sa victoire.

UN CYCLONE NOMMÉ MARTIN

Il fut de la première émission et depuis il ne s'est guère passé de mois sans qu'il ne vienne faire un tour du côté de la rue Bayard. Jacques Martin est aussi brillant qu'indéboulonnable au pupitre des *Grosses Têtes*. Brillant parce qu'il est passé maître dans l'art de la repartie qui fait mouche et du jeu de mots loufoque. Indéboulonnable parce qu'il suffit de le voir une seule fois dans les studios de RTL pour comprendre que l'individu en question n'aime pas seulement se trouver ici mais aussi qu'il en a *besoin*... Un besoin viscéral, celui de s'offrir une parenthèse récréative de deux heures, au milieu d'une semaine d'activité intense consacrée à la préparation de ses apparitions télévisuelles dominicales, le besoin d'oublier le travail et la responsabilité du chef d'entreprise. « Il est capable de tout pour faire rire », disent de lui ceux qui l'ont vu en action.

Lorsqu'il arrive rue Bayard, Martin se déboutonne. Au propre comme au figuré puisqu'il lui est arrivé, pour répondre à la provocation d'un pair, de baisser son pantalon, et de prendre le public à témoin : « Il a dit que j'étais pas chiche. Alors, j'ai gagné, hein? » Lorsqu'il ne « tombe pas le grimpant », il peut se contenter de se retourner, de soulever le pan arrière de sa veste et de lancer à la cantonade : « Mets-toi à genoux, on va jouer au photographe. » Cet homme est d'autant plus dangereux que le public se tient les côtes et en redemande. Son passé d'enfant de chœur l'a armé d'une culture religieuse suffisamment vaste pour qu'il se lance avec habileté dans des tirades à caractère blasphématoire. Avec la voix d'un abbé en plein sermon. Mais la mémoire ne lui fait pas davantage défaut lorsqu'il s'agit d'entonner les couplets et les refrains de toutes les chansons de corps de garde que la France a produites ces cinq derniers siècles :

Elle disait qu'elle venait
De la messe et du sermon.
C'est pas vrai, elle venait
De s'faire tripoter l'bouton.

Jean Dutourd le rejoint volontiers dans ces vocalises salées, prouvant qu'il a étudié les mêmes classiques, et qu'il ne lui manque que l'encouragement d'un meneur pour sauter le pas. Car Martin a le don de pervertir ses camarades les plus sages. Lorsqu'il est en pleine furie outrancière, il ne faut surtout pas commettre l'erreur d'essayer de le raisonner : il redoublerait.

— Oh! vous, monsieur Martin, un homme qui fait le dimanche sur le service public...

Voilà le type même de la tentative d'apaisement vouée à une surenchère immédiate du trublion :

— Et alors, vous voulez le voir mon service à moi?

Jacques Martin ne laisse à personne le soin de l'imiter.

Soucieux d'appliquer l'adage qui veut qu'on n'est jamais mieux servi que par soi-même, l'animateur de *L'École des Fans* interviewe un membre du public comme s'il s'agissait d'un enfant. Martin est non moins inimitable lorsqu'il incarne, plus vrai que nature, le vieil obsédé sexuel. Il suffit de l'entendre pour imaginer l'homme qui rôde près des maternelles et des lycées, avec sa boîte de cachous, son béret et son imperméable qui s'ouvre face à Valérie Mairesse :

— C'est tellement charmant, tellement potelé, hein... Petit bijou. Petite cochonne, va, c'est vicieux ça, ça a été élevé chez les sœurs. Regardez ça. Tu n'as pas mis ta petite jupe aujourd'hui? C'est tellement charmant, quel âge tu te fais maintenant?

L'actrice apeurée bafouille, peut-être dans l'espoir de refroidir son prétendant :

— Je n'ai que treize ans.

Cri de joie du satyre :

— Oh! Viens vite jouer à la glissette savoyarde sur mes genoux! Viens vite mon petit bijou!

Lorsque le besoin de défoulement est trop fort, Martin sacrifie à une tradition propre aux *Grosses Têtes*, tradition qu'il a lui-même instaurée, dont il est le plus fidèle adepte, et qui est celle de la bataille d'eau minérale. L'exercice est risqué car essentiellement visuel. Il y a heureusement de bonnes âmes qui, craignant de voir se perdre pour l'auditeur un aussi grand moment de l'histoire des ondes, acceptent de se muer en commentateurs de l'événement. Michel Drucker s'est, comme d'autres, occasionnellement chargé de ce rôle :

—... Philippe a l'avantage avec un magnum de Contrexéville. Kersauson tente de riposter avec une chaise, mesdames, mesdemoiselles, messieurs, quant à moi, je suis sous la table. Mon chien mord Kersauson au mollet, et *Les Grosses Têtes* s'achèvent sur cette bagarre.

— J'adore quand Martin chante. Il a une voix superbe.

Malheureusement, ce jour-là, Michel Drucker a beau solliciter son ténor préféré, il n'obtient pas la moindre vocalise. Autour de la prima donna, on s'étonne. Ce n'est pourtant pas du tout son genre de refuser d'en pousser une petite. On s'inquiète, même. Joue-t-il à se faire désirer? Est-il malade? Pressé, Martin s'explique :

— Pas aujourd'hui. Je me suis couché trop tard hier soir. La fille que j'avais attirée chez moi n'a cédé qu'à quatre heures du matin. Quatre fois j'ai dû chanter *Strangers in the night*.

Drucker décide d'entrer dans le jeu de Martin, histoire de voir où il veut en venir :

— Tu avais tamisé les lumières?

Ce n'est pas à un vieux singe qu'on apprend à faire des grimaces.

— Oui, bien sûr, c'était nécessaire. Mon salon était entièrement parfumé au « Timor ». Il n'y avait pas une mouche. Rien. Et puis, je l'avais gâtée. Je l'avais invitée à souper chez MacDonald...

Une preuve de galanterie un peu chiche qui fait rire les *Grosses Têtes* présentes. Martin poursuit :

—De plus, j'avais un truc. Tous mes sièges sont encombrés de bouquins, donc, automatiquement, on ne peut s'asseoir que sur le lit... Je lui dis : « Je suis désolé de vous faire asseoir sur le lit, mais c'est un peu en désordre chez moi. » Une fois qu'elles sont sur le lit, on est à mi-parcours. Le plus difficile, c'est d'arriver, une fois qu'elles sont assises, à leur faire poser aussi le dos sur le lit.

Chacun passe mentalement en revue ce qu'il convient de faire dans un tel cas de figure. Bouvard souhaite s'instruire :

— Comment vous y prenez-vous pour la persuader de se coucher quand elle est assise?

— Je mange de l'ail.

À l'évidence, personne ne s'attendait à un stratagème aussi saugrenu que risqué. Peut-être a-t-on mal entendu?

— Vous mangez quoi?

— Je mange de l'ail et je lui chante *Strangers in the night* en m'approchant très très près. Vous êtes assis près d'une femme sur un divan, vous vous dites : « Elle ne va pas s'allonger d'elle-même », alors vite, rapidement, là, une bonne petite salade à l'ail et vous chantez *Strangers in the night*... Et elle recule, elle recule...

Jacques Martin partage avec Philippe Bouvard et Jean Yanne un rare privilège : ils sont à ce jour les trois seules *Grosses Têtes* à avoir pu s'en prendre à Olivier de Kersauson sans être instantanément refoulés de façon cinglante. Une impunité qui permet les audaces les plus savoureuses, comme le prouvera ce compte-rendu d'une séance où, comme souvent, le cyclothymique Amiral reste plongé dans ses pensées et semble résolu à ne pas participer aux réjouissances. Le maître commence par tenter de réveiller le cancre en prenant ses camarades à témoin. Un vieux procédé en vigueur dans toutes les salles de classe :

— Je voudrais saluer ici la méditation de monsieur de Kersauson qui est quand même le plus réfléchi d'entre vous. Voilà un garçon qui ne parle pas à la légère... Chapeau !

Le vicomte répond mollement. On passe à autre chose. Mais, les minutes s'écoulant, son silence persistant finit par inquiéter ses pairs. Martin, en bon délégué de classe, se dévoue :

— Il la boucle parce qu'il a peur d'être déshérité s'il dit trop de grossièretés. Je ne sais pas si vous êtes au courant, mais il y a des terres dans la famille. Les Kersauson possèdent un tiers de la Bretagne, mine de rien. Ils ont d'énormes plantations de crêpes. Autour du château des Kersauson, il y a des champs entiers de crêpes. Il faut voir les crêpeuses, le matin, partir pour la cueillette de la crêpe.

L'Amiral sait qu'on va encore l'affubler d'une coiffe bigouden. Il y a des folklores qui sont pesants. Il proteste faiblement :

— Est-ce bientôt fini ?

Bouvard justifie l'intrusion de Martin :

— Monsieur de Kersauson, comme vous ne parlez pas, il faut bien qu'on parle de vous.

Martin reprend son pseudo-récit :

— Moi, j'ai été reçu au château des Kersauson. C'est fabuleux, il faut voir les parents. J'ai communiqué avec eux au moyen d'un interprète parce qu'ils parlent mal le français. Enfin, ils parlent principalement leur langue. Ils parlent le breton. Nous sommes arrivés avec Olivier et quelques amis et l'ancêtre, le vicomte de Kersauson père nous a dit : « Ah, Brestanou Kaoumadou Ahahahkidou !!! » qui est du bas breton. Et puis Mme de Kersauson, la vicomtesse, est arrivée, très timide. C'est bien simple, elle n'avait encore jamais vu de...

Bouvard intervient :

— De Blancs ?

Kersauson n'est pas le dernier, dans l'assistance, à rire. Martin, qui a le sens de la mesure, tempère l'affirmation :

— De Français de l'intérieur. À l'annonce de notre débarquement, elle était montée se cacher sur une armoire. Alors moi, j'ai cherché à l'apprivoiser. J'ai sorti de ma poche une banane et puis, petit à petit, elle s'est approchée, je lui en ai donné un morceau, puis deux... Enfin, grâce à Olivier, on a pu pénétrer dans la cage dès le premier jour. Parce que les Bretons habitent dans des lits-cages.

Bouvard, après cette charge que seul Martin peut se permettre, doit attendre que les rires et les applaudissements s'apaisent pour poser une vraie question :

— Monsieur de Kersauson, dites-nous, que cultivent réellement vos parents ?

— Le paradoxe.

Bouvard pousse le bouchon un peu plus loin :

— Votre maman file toujours le rouet ?

Le vicomte rit. Martin préfère croire qu'il est en danger :

— Pauvre Olivier, il va se faire casser la gueule quand il va retourner là-bas, car ils n'ont pas le sens de l'humour. Je tiens à vous signaler que s'il existe un endroit au monde sur lequel on ne peut pas faire de plaisanteries, c'est bien la Bretagne !

Le Breton corrige :

— On peut les faire... Mais une seule fois.

Bouvard, ravi d'avoir fait parler le sourd-muet, a beau jeu désormais de feindre la prévenance :

— Bon, enfin, excusez-moi d'avoir ouvert cette parenthèse. Ce n'était pas pour vous désobliger... Vous ne m'en voulez pas, Olivier ?

Martin conserve son air alarmé :

— Hou là là ! On voit que vous ne connaissez pas les Bretons ! C'est comme le temps, ça vire en un quart d'heure. On ne comprend pas. Ça y est, il va nous faire la gueule pendant trois semaines.

Bouvard conclut :

— Ouais, eh bien là, au moins, on saura pourquoi.

Gentiment secoué, déridé, l'Amiral entre dans le jeu. Michel Drucker, sans en avoir l'air, pousse une petite pointe :

— Olivier, est-ce que les marins emportent dans leur bateau des photos de femmes nues ?

— Pour quoi faire ? On aurait l'air de quoi avec des photos de femmes nues ? C'est comme la pub quand il n'y a plus de magasin !

La comparaison est lumineuse et décroche un bel éclat de rire. Bouvard sent que le terrain est favorable :

— La question est intéressante. Quelle est la vie sexuelle d'un marin en mer ?

Soudain lyrique, le marin réplique :

— Mais on vous l'a déjà dit, Philippe. Il n'y a rien

d'autre que les souvenirs et les espoirs... Mais entre les deux, on se regonfle, croyez-moi.

Drucker y va de sa petite flatterie :

— Et puis, il y a autre chose à faire. Vous savez quelle est la réputation de Kersauson. On dit que c'est le plus résistant physiquement.

Martin, impitoyable :

— C'est un grand couleur de fond.

Kersauson laisse dire. Bouvard appuie un peu plus fort :

— C'est le seul mec qui soit capable de rentrer à la nage. Il faut être musclé.

Cette fois, le calomnié proteste :

— Jamais je ne suis rentré à la nage, eh minus ! Jamais !

Martin passe à la vitesse supérieure :

— C'est le seul mec qui soit capable d'assommer son équipage et de rentrer quand même. Raconte la fois où tu as navigué en plein Pacifique Sud. Il ne s'en vante pas ! Ils étaient deux à bord. Et le second dit : « Moi, je crois qu'il faut naviguer au 140 », et Olivier dit : « Non, si tu veux qu'on retrouve le port, il faut naviguer au 120. » L'autre fait : « Non, au 140. » Alors, Olivier a levé une hache pendant quarante-huit heures au-dessus de la tête de son coéquipier. Vrai ou pas ?

Le vicomte confirme son exploit diplomatique en termes choisis :

— Parfois, dans la discussion, avec les êtres humains — car telle est leur nature — on risque de « lancer » un argument, et il est certain que la démonstration extérieure d'une certaine capacité à la violence peut aider à l'établissement d'une bonne entente...

Martin retourne au feu :

— Il a levé une hache sur un mec pendant deux jours en disant : « Si tu bouges d'un degré, tu auras une belle raie au milieu ».

Tout le studio est secoué de spasmes zygomatiques. Martin est survolté et laisse passer quelques minutes avant de recommencer à flirter avec le sujet tabou du naufrage :

— Il arrive parfois qu'Olivier, désireux de prendre un bain, préfère l'eau salée...

Bouvard enchaîne :

— Il y en a qui prennent la mer, lui, il prend l'eau.

Le silence et le regard de Kersauson incitent l'insolent à faire marche arrière :

— Non, je retire ça, je ne le pensais pas d'ailleurs.

Martin dramatise :

— Comme il va bientôt faire une croisière, une course très dangereuse, on ne plaisante pas avec ça. Chaque jour, on suivra les yeux collés sur la carte, en disant : « Sous quelle latitude se cache-t-il? »

— Oui. Sous quelle épaisseur d'eau?

Pour cette remarque, Bouvard a droit à un nouveau coup d'œil menaçant.

— À votre avis, combien j'ai fait de naufrages, puisque vous en parlez tous les jours?

— De toute façon, à partir du moment où vous êtes là pour le raconter, ça prouve que ça s'est toujours bien terminé. Mais vous avez, paraît-il, perdu beaucoup de passagers?

Un peu las, l'Amiral conteste pour la centième fois ce sempiternel mensonge :

— Je n'ai jamais perdu d'homme en mer.

Martin, qui n'est plus à un excès près, s'enfonce un peu plus dans la mauvaise foi :

— Si... Pour appâter quand tu manquais de poisson. Olivier, tu prends mal la plaisanterie. Tu devrais être plus *coulant*.

Kersauson, décidement indulgent envers son ami, ne réplique pas. Martin remet les gaz :

—Mais j'ai une histoire à propos d'Olivier : une fois, il a perdu son gouvernail... eh bien, il en a aussitôt fabriqué un autre !

Bouvard s'interroge :

— Avec quoi ?

— Avec son sexe. Vous pensez si les requins se sont régalés. Maintenant, c'est le seul marin circoncis.

Bouvard, qui a déjà invité Alain Bombard, se croit assez informé pour contester les propos de Martin :

— Le requin n'est pas un animal méchant.

Ricanement du marin :

— Non, non, c'est pas méchant. Je vous emmènerai vous baigner, mon petit Phi-Phi chéri. Ils vont être contents de voir arriver un petit four.

MÉNIE GRÉGOIRE : BÉCASSINE CHEZ LES FOUS

Tous ceux qui ont partagé le micro des *Grosses Têtes* (cette métaphore n'est pas à prendre au sens littéral, les studios de RTL étant suffisamment équipés) avec Ménie Grégoire sont du même avis : voilà une femme qui a su faire preuve d'une résistance hors du commun. Et il lui en a fallu pour venir pendant plus de cinq ans se mêler à une réunion de vieux potaches et subir les pires plaisanteries. Telle celle d'être surnommée « Momie Grégoire » par un Martin ayant appris l'existence d'un diplôme d'égyptologie dans le cursus de la papesse du conseil sentimental. Pendant des années et sans se départir d'un sourire bienveillant, elle a fait preuve d'une endurance, d'une capacité à soutenir les attaques, bref, d'une abnégation hors du commun. A moins que...

« Elle ne comprenait pas tout », disent les plus gentils de ses condisciples. Les plus francs avouent qu'ils ont retiré de ses passages à l'antenne la très forte impression qu'elle ne comprenait strictement rien aux horreurs qu'Olivier de Kersauson par exemple (l'exemple s'impose puisqu'il a été le plus constant dans cet exercice perfide) lui susurrait avec l'apparence de la plus angélique gentillesse. « Elle était entièrement au premier degré, le second degré lui échappait totalement. »

Comment, sinon, expliquer son comportement au cours de l'émission radiophonique qui a scellé sa rencontre avec Philippe Castelli ? En ce jour de juillet 1982, Kersauson, Martin et Bouvard, bien sûr, sont là pour favoriser l'idylle. Les trois entremetteurs vont en faire des tonnes : ce n'est pas tous les jours qu'on a sous la main deux souffre-douleur en même temps. La présentation rituelle des invités par le maître des lieux laisse déjà entrevoir un projet matrimonial :

— Voici une dame que vous connaissez bien, dont la vocation est de travailler en pleine pâte humaine... C'est vous dire qu'avec Castelli elle va se régaler, parce que, comme il est mou, elle va pouvoir le modeler à sa guise : Ménie Grégoire !

Castelli, qui sait qu'il a affaire à une professionnelle de la radio, tente un premier et timide rapprochement :

— Madame Grégoire, vous avez un studio, ici ?

Martin s'offusque :

— Ça y est, il emballe ! Maladroit ! Est-ce qu'on demande à une jeune fille si elle a un studio ?

Ménie Grégoire jette un regard étonné à Martin. Castelli se sent (à tort) obligé de se justifier :

— Mais, dans une radio, il y a des studios.

Ménie Grégoire qui ne comprend toujours pas :

— Oui, bien sûr, mais je n'ai plus de studio. Il fallait vous presser, c'est un peu tard.

Martin ajoute :

— C'est ce qu'on lui reproche, il tarde toujours.

Bouvard, dans la foulée, prévient son invitée :

— C'est un garçon un peu secret, solitaire. D'ailleurs, nous l'avons surnommé « Bande à part ».

Ménie Grégoire, persuadée que ce n'est pas un jeu et qu'on fait un sort à ce pauvre Castelli, retrouve ses réflexes de bon samaritain des ondes :

— Moi, je trouve qu'il a beaucoup d'équilibre, il ne vous a pas encore envoyé son verre d'eau à la figure. Il ne s'est pas mis à pleurer. Moi je trouve qu'il est très très bien. Permettez-moi de le défendre.

Castelli, pas du tout habitué à autant d'égards, a un cri du cœur :

— Oh ! Qu'elle est gentille !

Conquis, il dépose un baiser sur sa joue, ce qui provoque l'hilarité du public et une moue de dégoût sur le visage de Ménie Grégoire. Devant une aussi visible entente, Bouvard suggère à l'embrassée de « prendre en main » Castelli.

— C'est que... il faudrait quand même qu'il me le demande.

— Je n'ai pas à vous le demander. Vous êtes quand même assez grande pour prendre des initiatives. D'où vient votre pendentif?

Bouvard la met en garde :

— Méfiez-vous ! Il feint de regarder le collier, en fait, c'est la poitrine qui l'intéresse !

Martin aussi :

— Vous savez qu'on vous a placée — et vous prenez de

très grands risques — auprès de l'un des plus grands obsédés sexuels de cette fin de vingtième siècle ? La terreur de son quartier.

Bouvard se souvient des compétences professionnelles de Ménie Grégoire :

— Que conseillez-vous en cas d'obsession sexuelle ?

Ménie Grégoire, toujours aussi secourable, prend pour argent comptant les mimiques outragées de Castelli :

— Écoutez, vous l'affolez le pauvre.

Bouvard se défend :

— Mais pas du tout. C'est VOUS qui l'affolez.

Martin revient à la charge :

— Ça fait cinquante fois que je fais l'émission... C'est la première fois que je le vois se pencher sur un corsage de dame.

Bouvard pousse la caricature de Castelli un peu plus loin :

— Il est dans un état ! Regardez ses mains, regardez son œil !

Martin, inquiet :

— Il y aurait un meurtre cette nuit, je ne serais pas étonné...

Une fois de plus, Ménie Grégoire roule de grands yeux étonnés. On disserte autour d'elle sur les vertus du bromure ainsi que sur quelques cas de pervers sexuels, parmi lesquels, au passage, le nom de Zitrone est mentionné. Castelli interrompt cette revue de détail pour placer l'une de ces blagues navrantes dont il a l'exclusivité :

— Ce sont deux vers de terre qui se promènent sur la

table d'un restaurant italien, à côté d'un plat de nouilles. L'un dit à l'autre : « Tiens, une partouze ! »

Martin guettait la réaction de Ménie Grégoire et s'adresse à elle :

— Vous me voyez navré de constater que vous souriez après cette histoire. Ainsi, vous êtes pour les amours de groupe ?

Ménie Grégoire semble effarée :

— Mais pas du tout ! Je n'ai pas dit ça !

C'est au tour de Castelli de lui venir en aide :

— La thérapie de groupe, ce n'est pas la même chose.

Encore sous le choc de l'accusation de Martin, Ménie Grégoire se saisit de la dernière intervention de Castelli pour détourner d'elle l'attention de ses tortionnaires. Comme on refile une patate chaude qui vous brûle les mains :

— Je trouve que M. Castelli est très au courant de ce genre de choses.

Le stratagème fonctionne quelques minutes, pendant lesquelles Bouvard vante à Castelli les vertus du baisemain, usage tombé en désuétude. Kersauson a sur le sujet une théorie toute personnelle :

— C'est un bon début. Ça permet de renifler la qualité de la viande.

Martin s'esclaffe et répond en prenant un accent rural :

— Voilà le don juan de la pointe de Bretagne. « Holà, Marie ! Viens te faire sentir avant que je te monte ! »

Ménie Grégoire ne comprend pas, semble-t-il. Qu'à cela ne tienne, Kersauson précise sa pensée :

— Évidemment, si elle a les pattes qui sentent le fumier,

faut surtout pas insister. C'est un test. Il faut toujours démarrer par quelque chose. On commence par baiser la main.

Puisque la séduction n'est qu'une question d'odeur, Bouvard demande à Kersauson quels effluves le ravissent à coup sûr. Réponse sans ambages, mais de Jacques Martin :

— L'argent.

La saillie fait hurler de rire le public (mais pas Ménie Grégoire) et ravive l'inspiration de Kersauson :

— Ah ! oui ! L'argent ! Le baisemain permet aussi de voir si les bijoux sont vraiment en or.

De fil en aiguille, ces considérations sur l'art de la séduction conduisent immanquablement à évoquer les déboires rencontrés par Castelli dans sa vie amoureuse. Ce dernier croit tenir la réponse à ses problèmes :

— J'irai vous voir, Ménie. Vous recevez de quelle heure à quelle heure ?

Malgré les rires du public, le second degré échappe toujours à Ménie Grégoire qui répond le plus sérieusement du monde :

— Vous m'avez déjà posé la question. Je ne reçois pas. D'ailleurs, écoutez, si on vous enlevait vos problèmes, vous ne seriez plus intéressant du tout. Il faut souvent savoir garder ses problèmes.

Avec ce sermon, l'espace d'un instant, Ménie Grégoire vient d'enfiler son costume professionnel et de se livrer à son exercice habituel. Le propos détonne un peu à l'antenne des *Grosses Têtes* et pousse Martin à exagérer les malheurs de Castelli :

— Ménie, c'est pas tout à fait normal qu'à soixante ans passés, il continue à faire pipi au lit !

Un mensonge qui vaut à Martin les rires du public et à Castelli un regard compatissant de la part de Ménie Grégoire. Illico, Castelli adopte le personnage de violeur sadique qu'on lui a imposé et se livre à un débordement que Bouvard se charge de décrire pour les auditeurs :

— Mesdames et messieurs, Castelli fait semblant de se déshabiller et de plonger sur Ménie terrorisée, mais Dieu merci, l'essai n'a pas été transformé !

On revient à la décence le temps d'une question : « Qui a les pattes adhésives, la langue collante, le sang froid et les yeux roses ? » Kersauson est le premier à s'élancer :

— Le violeur de Pigalle !

— Le lézard !

— Très bonne réponse de Philippe Castelli !

Au comble de la joie, le vainqueur salue le public. Martin prend le relais de Bouvard pour l'indispensable commentaire radiophonique :

— Mais il est fou. Quand il a levé les bras, sa chemise est sortie, on a vu tous ses abcès. Montre ton estomac... J'ai jamais vu un ventre comme ça ! C'est pas possible, tu bouffes deux fois par jour au « Wimpy », toi !

— Mon cher ami, j'ai un régime alimentaire.

— Ça fait longtemps que tu as des boutons sur le ventre ?

— C'est pas un bouton, c'est un nombril.

Kersauson s'immisce dans la conversation :

— Vu le détail, ton régime, ça doit être une dictature.

Castelli, comme à chaque fois qu'il est en difficulté,

cherche à rompre l'assaut en imposant l'une de ses histoires. Pressentant qu'on va une fois de plus toucher le fond de la détresse comique, Bouvard lui assigne un cadre :

— Je voudrais que votre histoire, vous la racontiez pour une seule personne, pour Ménie, comme si vous étiez sous le balcon de Roxane.

Martin a une autre idée :

— Non, non, ils sont dans un lit... Allez, on situe la scène, Castelli, tu es allongé... Vous êtes nus sur un lit.

Un fond sonore s'impose, Martin se tourne vers Kersauson :

— Est-ce que tu veux faire les mouches?

L'idée, qui fait se rapetisser Ménie Grégoire dans son siège, ravit Bouvard :

— Bon, ils sont couchés. Aussi, pour achever l'opération de séduction et parce que le rire désarme, Castelli en sort une bien bonne qui n'est pas celle qu'on attendait. Castelli n'est pas allongé, il est répandu. Ménie est à côté de lui. Sa tête repose sur son épaule, c'est dire qu'elle est déjà blessée...

C'est le moment que choisit Kersauson pour exécuter, d'une traite et sans hésitation, l'une de ses improvisations en vers qui font se taire toutes les autres *Grosses Têtes* :

Dans la chambrette misérable, d'un coup elle se penche vers lui.
Elle lui dit : « Mon incapable, raconte donc, mon Castelli ».
Et le voilà, le minable, qui se met debout sur le lit,
Qui lui raconte, l'incapable, une histoire... elle n'a pas ri.

Il se penche vers elle, il tend ses grandes ailes d'oiseau de malheur.
Et lui murmure des mots qui ne lui vont surtout pas au cœur.
Elle a bien envie de sauter par la fenêtre, mais devant le cinquième,
Elle se dit : « Je ne le fais pas » et même
Elle descend l'escalier, affolée, et elle crie.
Dans la rue, on ricane, on connaît Castelli.
C'est le cinquième étage, oui, c'est l'endroit maudit
Où notre oiseau volage a fait un jour son nid.
Dans le quartier les enfants, les mères ont peur.
Ils le voient, ils le montrent : c'est l'oiseau de malheur...

Pour la première fois confrontée au spectacle d'un Kersauson en pleine transe, Ménie Grégoire laisse échapper un cri du cœur :

— Moi, je trouve ça prodigieux.

Il faut encore quelques minutes, pendant lesquelles il est chahuté, avant que Castelli puisse raconter sa blague :

— Devant l'insistance de Ménie qui n'arrête pas de me dire : « Raconte-moi une histoire, mon petit chou, mon bichon, mon Phi-phi.. » La voici : À la maternité, deux poupons bavardent : « T'es un garçon ou une fille ? — Je ne sais pas. — Attends, je vais te dire ça tout de suite. » Alors le premier bébé soulève le drap de l'autre et lui dit : « T'es une fille. — Ah, et comment tu le sais?— Ben, t'as des chaussons roses. »

Dans le studio, pendant quelques secondes, personne ne

rompt le silence qui suit. Soudain Martin, l'air outré, se lève et se dirige vers la porte de sortie :

— C'est trop vulgaire !

Bouvard le rappelle :

— Monsieur Martin, revenez, il n'en racontera plus des comme ça. Ménie, excusez Castelli, on ne voulait pas aller jusque-là.

À quoi tient le succès d'une émission ? À l'humeur des invités ? À l'opposition des caractères ? À leur envie d'en découdre ? À leur complicité ? À mille choses et à rien. Un groupe brillant un jour peut l'être moins quelques jours plus tard. L'alchimie de la composition des panels d'invités ne relève pas d'une science exacte. Il n'empêche que la réussite du cocktail comique Grégoire-Kersauson-Martin-Castelli ne pouvait pas ne pas connaître un bis. Une semaine passe avant que leurs emplois du temps permettent de remettre en présence les joyeux lurons. Pour une seconde mi-temps qui ne décevra pas.

D'entrée de jeu, Castelli, qui a de la suite dans les idées, interroge la première confesseuse de France :

— Alors, où se trouve votre cabinet ?

Ménie, patiente, explique à nouveau qu'elle n'en a pas. On plaint Castelli pour son manque de mémoire. Kersauson, lui, l'enfonce un peu plus :

— C'est déjà un miracle qu'il réussisse à parler sans faire de fautes d'orthographe.

« Qu'est-ce qu'un patenôtrier ? » Ménie Grégoire sait : il s'agit de celui qui fabrique les chapelets de prière. Elle-même en a déjà utilisé. Philippe Bouvard s'enquiert :

— Quand vous serviez-vous de votre chapelet?

— Quand j'étais au couvent.

— Ah! vous étiez au couvent?!!

— Oui, mais pas comme religieuse, comme petite fille.

Martin, toujours prompt à voir le mal partout :

— Et alors, dites-nous, c'était marrant le soir au dortoir?

Le plus ingénument du monde, Ménie répond :

— Je ne sais pas, je n'étais pas pensionnaire.

Castelli, s'intéresse :

— Dans quel couvent étiez-vous?

— Ça s'appelait la Retraite du Sacré-Cœur.

Dans l'esprit de Martin, une idée infâme naît. Celle de confondre l'établissement scolaire avec une maison close :

— Ah! oui, c'était 22, rue du Chabanais.

— Non pas du tout.

— C'était bien une maison avec plusieurs étages et des dortoirs?

— Oui, et un grand jardin.

— Oui, c'est ça, au milieu.

Philippe Bouvard, qui a compris où Martin voulait en venir, prend le relais :

— Et il y avait une lanterne rouge?

Ménie Grégoire, toujours aussi innocente, confirme :

— Oui, pour les processions.

Le blasphème involontaire fait s'étrangler de rire Kersauson qui, pour ne pas éveiller la suspicion de Ménie Grégoire, est obligé de tourner la tête dans une autre direction. Martin, bien décidé à profiter de la méprise, se contrôle parfaitement :

— Il n'y avait pas une surveillante, enfin une maîtresse?

— Absolument.

— Et les volets étaient toujours clos?

La question échappe à Ménie Grégoire. Bouvard en a une plus perfide en réserve :

— Dites, Ménie, vous y êtes restée combien d'années?

— Eh bien, le temps de faire de fortes études.

Cette fois, c'en est trop et les rires, contenus jusqu'alors, éclatent. Ménie, avec un petit retard, rit aussi. Ce qui intrigue Bouvard :

— Ménie, pourquoi riez-vous?

— Je ne sais pas.

— Et à quel âge en êtes-vous sortie?

— Eh bien, à dix-sept ans.

Martin tente de pousser un peu plus loin le malentendu :

— Mais il y en a qui restent, n'est-ce pas?

— Ah! il y en a forcément, oui. Il y en a auxquelles on tient et qu'on garde, mais peu.

Kersauson est toujours hors de combat, terrassé par le fou rire. Bouvard est heureusement encore là pour prendre le relais de Martin :

— Ah! il y en a qui en font leur métier, vraiment?

Le mot « métier » semble peu approprié pour désigner une vocation de religieuse. Ménie, naïvement, corrige :

— Qui y consacrent leur vie, c'est comme ça qu'on disait.

Martin revient à la charge :

— Est-ce que les plus grandes n'avaient pas des chambres séparées?

— Ah! je ne sais pas. Parce que je n'y habitais pas.

— Ah! vous ne *montiez* jamais?

— Non, jamais.

— Ah ! vous faisiez ça au parloir alors ?

Cette fois, Ménie Grégoire ne comprend plus ce qu'on lui dit. Kersauson se dit qu'il ne peut pas rester étranger à un interrogatoire aussi drôle :

— Et monseigneur venait souvent vous voir au parloir ?

Soupçonneuse, Ménie a opté pour le silence. Martin, avec une hypocrisie parfaite, donne la touche finale au quiproquo :

— Oui, je vois bien le genre de maisons auxquelles vous faites allusion.

JEAN YANNE ET LA CIRCONCISION DES PINGOUINS

L'humour de Jean Yanne n'appartient qu'à Jean Yanne. Pour lui, le monde est un perpétuel sujet d'étonnement, et ses curiosités trouvent leurs explications dans les affirmations les plus saugrenues. Yanne est le personnage le plus authentiquement surréaliste des *Grosses Têtes*. Lui seul peut, par exemple, confier à l'antenne son étonnement devant la gloire injustifiée de Christophe Colomb :

— De toute façon, je vais vous dire, découvrir l'Amérique c'est pas très compliqué, vu la hauteur des buildings...

Il semble s'étonner des rires qu'a déclenchés sa remarque :

— Non mais, franchement, pour pas voir la statue de la Liberté, il faut être miro.

Faussement bougon, acteur génial, pasticheur-né, capable de mimer la colère et la bonhomie avec des accents criants de vérité, il sait comme personne aborder les questions les plus innocentes et en faire déraper le contenu culturel. Son art est celui de la subversion.

— Quel est l'accessoire utilisé par les indigènes australiens pour chasser l'autruche?

Les réponses pleuvent. Martin en livre trois, dont deux d'inspiration militaire :

— Le boomerang? Le bazooka? La mitrailleuse de douze?

Yanne opte pour une probabilité plus réjouissante mais tout aussi saugrenue :

— La danseuse des Folies Bergères?

Amusé par les dérapages de ses confrères, Kersauson poursuit dans la même veine :

— Un réveille-matin? Un œuf?

Rika Zaraï, le plus sérieusement du monde, donne une réponse ingénue et inventive qui suscite dans le public des rires plus forts que pour les trois invités précédents :

— Ils utilisent un coquillage qui imite le son de l'autruche!

Yanne se tourne vers Rika et reprend la proposition pour la développer. Il va faire profiter l'auditoire de ses souvenirs (imaginaires) de voyage dans la savane australienne :

— Bien sûr, tout le monde sait qu'il y a des coquillages australiens très marrants qui ressemblent à des autruches. D'ailleurs, quand on colle son oreille au coquillage, au lieu d'entendre la mer, on entend l'autruche.

Autour de lui, Martin et Kersauson rigolent tandis que Rika Zaraï commence à regretter sa bévue. Jean Yanne poursuit sa dissertation sur les techniques de chasse aborigènes :

— Le problème consiste toutefois à s'approcher suffisamment de l'autruche pour lui mettre le coquillage à côté de l'oreille. Ce qui n'est pas pratique parce que l'autruche a un très long cou et qu'en revanche l'aborigène est généralement de petite taille.

L'auditoire est captivé. Imperturbable, l'ethnologue amateur poursuit son exposé :

— Alors, que fait-on en Australie ? Eh bien, on fait venir d'Afrique des chasseurs de girafes qui, eux, sont très grands... à tel point qu'ils sont obligés de se pencher pour descendre jusqu'à l'oreille de l'autruche, qui rappelons-le, est sourde comme un pot. C'est tout un monde, le monde de la chasse, surtout en Australie. Et alors parfois, les Australiens, qui sont assez cruels avec les animaux, il faut bien le dire, font d'autres trucs : ils utilisent des kangourous dressés.

On pouffe de rire. Où veut-il en venir ?

— Ils envoient les kangourous dressés vers les autruches. Le kangourou s'approche de l'autruche et il lui dit : « Tiens, regarde ce que j'ai dans ma poche ventrale. » Alors l'autruche, qui ne se méfie pas plonge la tête dans la poche ventrale et là, paf ! Il lui tape sur la tête... d'où l'expression « se faire prendre la tête dans le sac ».

Après cette savante explication des mystères de la nature par l'oncle Yanne, les invités mettent quelques minutes à reprendre leurs esprits. On finit, par tâtonnements successifs, par approcher de la réponse. C'est Jacques Martin qui la donne :

— Des plumes d'autruche ! Les aborigènes se mettent des plumes et ils imitent l'autruche pour l'approcher.

— Exactement ! Bonne réponse de Jacques Martin. On l'applaudit très fort.

Sous des applaudissements nourris mais qui ne lui sont pas destinés, Jean Yanne regarde Philippe Bouvard avec des yeux étonnés, dans lesquels on peut lire toute la détresse d'un homme à qui on a volé une gloire méritée :

— Mais, je vous l'avais dit ! J'avais dit une danseuse des Folies Bergères. Tu mets Line Renaud avec son costume et ça marche à tous les coups.

La placidité de Jean Yanne n'est qu'un leurre. Lent à démarrer, il est cependant parfaitement capable de prendre de vitesse ses camarades. Pour cela le meilleur moyen est incontestablement de se saisir de la question posée... avant qu'elle n'ait été posée. L'exemple qui suit fait partie des plus grands moments de furie radiophonique de l'histoire des *Grosses Têtes* :

— Monsieur Fièvraise de Lille pose une question intéressante... Il vous rappelle que M. Christian Bonnet est ministre de l'Intérieur, bon ça vous le savez...

— Moi, alors, je vous donne ma parole que non.

C'est bien sûr Jean Yanne qui vient de couper Philippe Bouvard. Comme souvent, le jeu consiste à empêcher le plus longtemps possible, à coups de digressions, de demandes de précisions, d'étonnements simulés, le questionneur de faire son office. Martin reprend aussitôt à son compte la surprise de Yanne :

— Comment vous dites ? Bonnet ? Vous écrivez ça comment ?

André Gaillard, secourable, répond :

— Comme Dubonnet mais sans le « Du ».

Cette fois, Martin et Yanne ne sont plus seulement surpris, ils affichent un véritable soupçon quant à l'authenticité des informations fournies par Bouvard.

— Christian Bonnet, vous êtes sûr?

— Il s'appellerait Christian Bonnet et il serait ministre de l'Intérieur?

— Oui et il loge place Beauvau.

Jean Yanne n'en revient toujours pas :

— Christian Bonnet, quel drôle de nom!

Regardant toujours Philippe Bouvard qui s'impatiente, Yanne cherche à se justifier :

— Non, mais franchement, ça ne vous paraît pas bizarre comme nom?

Bouvard répond sincèrement, sans dissimuler son agacement :

— Je ne pensais pas que ce point soulèverait une controverse.

— Non, mais, écoutez, franchement, pour vous, je ne sais pas, mais pour moi, Christian Bonnet c'est un nom bizarre. Moi ça me fait marrer.

Et joignant le rire à la parole, Jean Yanne part d'un grand éclat sonore. Pour lui, Bonnet semble être un patronyme aussi lourd à porter que le seraient Cocu, Labite ou Lehideux. Le genre de nom qui, de l'école au service militaire, vous attire toutes les moqueries. Puis, reprenant son sérieux :

— Ministre de l'Intérieur? Avec un nom comme ça? Non, des noms comme Poniatowski d'accord. Mais Bonnet? Ça n'existe pas, ça.

Cette fois, Yanne est catégorique. Martin confirme.

— C'est pas possible de s'appeler Bonnet.

C'est alors que Jean Yanne change son fusil d'épaule. Cette fois, Bonnet ne va plus seulement être une bizarrerie patronymique mais un véritable outrage à la dignité de la République et au bon goût des citoyens, un affront fait à la France. Il se lance dans une mémorable diatribe, entrecoupée d'étranglements d'indignation :

— Non, franchement, mon camarade a raison. Je suis désolé mais quand on est ministre de l'Intérieur on ne s'appelle pas Christian Bonnet, merde alors ! Faut pas exagérer non plus ! On n'est pas en France pour... Alors on est là et on fait son service militaire en 1940 !... on fait la guerre d'Algérie !... on va au collège Chaptal !... et on se fait chier pendant des jours et des jours... Et tout ça pour avoir un ministre de l'Intérieur qui s'appelle Christian Bonnet ! ! !

Ses hurlements ont retenti dans le studio, couvrant jusqu'aux rires du public, qui ne se retient pourtant pas. Yanne baisse d'un ton :

— Je ne veux pas m'énerver mais il y a quand même des limites !

S'adressant à Bouvard, Martin prend la voix d'un vieux réactionnaire chevrotant pour relayer les propos de son ami :

— Sans vouloir me mettre en colère, je dois reconnaître que le gamin a raison. Je suis désolé, mon petit bonhomme.

Yanne ne se calme toujours pas :

— C'est n'importe quoi !

Martin cherche à remotiver son camarade :

— Alors, on écoute la radio et il y a de la musique de nègre toute la journée, les jeunes ont les cheveux longs, et en plus on a un ministre qui s'appelle Bonnet!

Cette fois, la colère de Yanne explose. Martelant la table du poing, il éructe, il fulmine :

— Et alors après on s'étonne que les mômes soient à moto!!! À faire n'importe quoi!!! Non mais, est-ce que le radium a été découvert par Pierre et Marie Bonnet? Je vous le demande!!! Est-ce que la tuberculose a été vaincue par un type qui a découvert le bacille de Bonnet ? Hein ? Est-ce qu'il existe *une seule* sainte française qui s'appelle Bernadette Bonnet?

Après ce coup de sang, Jean Yanne semble apaisé :

— Excusez-moi mais, il y a des moments où vraiment il faut que ça sorte, vous comprenez.

Plusieurs années après cette diatribe, Christian Bonnet, qui n'était plus ministre, a demandé comme une faveur à Bouvard une copie de l'enregistrement.

— Qu'est-ce qu'on réserve comme activité aux Lapons qui ont de bonnes dents?

La question semble taillée sur mesure pour Jean Yanne, pour qui rien des merveilles et des bizarreries du monde n'est étranger... en apparence du moins car il faut bien reconnaître que le costume de Monsieur-je-sais-tout qu'il endosse avec plaisir craque un peu aux emmanchures et que certaines des explications fournies laissent souvent à désirer :

— Eh bien, ils mâchent pour les autres qui n'en ont

plus... Ils font le hachis parmentier, ils préparent le hachis parmentier pour les vieillards.

La proposition fait bien sûr rire. Mais on ne se laisse pas distraire, tant la question intrigue. Macha Méril garde son sérieux :

— Ils font les trous dans les peaux?

Yanne se frappe le front. Ses souvenirs de voyage lui reviennent :

— Ah! oui, ils font les trous dans les godasses pour passer les lacets. Alors ils s'enlèvent une dent sur deux pour que les trous ne soient pas trop rapprochés... D'ailleurs, là-bas, c'est souvent qu'on voit un Lapon avec une basket dans la bouche.

Tout cela a bien évidemment été dit avec le plus grand sérieux, sur le ton qu'emploierait un explorateur donnant une conférence salle Pleyel. Sous l'effet conjugué de la surprise et de l'énormité de la réponse, chacun hurle de rire. Où va-t-il chercher des idées pareilles? Il faut quelque temps pour que les esprits s'apaisent et qu'on puisse reprendre la recherche. Macha Méril, déterminée, tente encore sa chance :

— Ils coupent le cordon ombilical?

Philippe Bouvard, du regard, fait comprendre qu'on s'approche mais, laconique, refuse d'apporter des précisions et répète :

— Ils font quelque chose d'un coup de dent.

Macha, à nouveau :

— Ils circoncisent leurs petits?

— Il ne s'agit ni de la circoncision ni de leurs petits.

Yanne rebondit sur cet échec et en rajoute dans le saugrenu :

— C'est les pingouins. Ils circoncisent les pingouins avec les dents. C'est pour ça qu'on les voit toujours debout battant des ailes. Ils ont très mal les pauvres pingouins.

A travers les hurlements convulsifs de l'assistance, Bouvard a du mal à faire entendre sa voix. Il confirme presque.

— Ils s'attaquent effectivement à un animal, mais il ne s'agit pas du pingouin. Ils s'y prennent d'un seul coup de dents...

Patrick Sébastien bondit :

— Les rennes.

— Oui ! Et que font-ils aux rennes ?

La réponse ne peut être trouvée que par une femme. Evelyne Leclercq s'approche du micro :

— Les testicules.

— Oui ! Ils castrent le renne.

Aux *Grosses Têtes*, on en a entendu de plus surprenantes, personne ne songe à contester la véracité des mœurs polaires décrites par la réponse ; Yanne toutefois souhaite en savoir plus :

— Mais, si je comprends bien, ils font des courses comme ça derrière les rennes en criant : « Si je t'attrape, je te les mords », c'est bien ça ? Ça doit être très très gai. Qu'est-ce qu'on doit se marrer là-bas.

Bouvard pouffe de rire mais, en bon professeur, accepte de parachever l'instruction de Yanne :

— En tout cas, il y a une hospitalité laponne extraordinaire puisque lorsque le maître de maison vous dit :

« Vous prendrez bien quelque chose avant de partir », c'est généralement de sa femme qu'il s'agit.

Jean Yanne confirme et complète l'information :

— Absolument, sinon...

D'un claquement de dents sonore, Jean Yanne laisse deviner le sort réservé à l'invité qui aurait l'impolitesse de refuser la marque d'hospitalité de son hôte lapon. Et il ajoute une mise en garde finale :

— Méfions-nous des dents de l'esquimau.

La morale de cette histoire, à défaut d'édifier l'auditoire, réussit en tout cas à le faire se tordre. Bouvard, pour soutenir le rythme, enchaîne avec une question qui, dans le contexte et compte tenu de la précédente, ne peut pas ne pas trouver sa réponse :

— Question de M. Lesac : « Il nous en reste en moyenne onze à soixante-dix ans. De quoi s'agit-il ? »

À l'unanimité et quasi instantanément :

— Des dents.

On ne va pas en rester là, Yanne embraye :

— Ah ! ben, ça suffit bien. À cet âge-là, ça ne mange plus beaucoup de toute façon.

Les rires offrent un petit temps mort à Yanne qui en profite pour trouver l'inspiration d'une conclusion judicieuse :

— L'important c'est d'en avoir cinq en bas et six en haut parce que s'il a les onze en bas ou les onze en haut le mec... C'est là que c'est dur.

Un raisonnement imparable que Sim reprend à son compte :

— Ne m'en parle pas. Moi j'ai trente-deux dents. Mais elles sont toutes en bas.

SIM LE MAGNIFIQUE

Il existe aux *Grosses Têtes* un groupe d'invités que le jargon des studios désigne sous l'appellation de « bouffeurs de micro ». Ce sont généralement des gens de télévision ou des planches, à qui des années de vie professionnelle ont permis de développer leur voix. Ils ont appris à se saisir du moindre temps mort pour se placer dans la discussion, ils savent « profiter du créneau ». Lorsqu'ils ont la parole, ils en usent et parfois en abusent, s'écoutant parler et oubliant les confrères. Pour la leur reprendre, chacun a sa méthode.

Sim, fragile petite chose, se retrouve ainsi un jour assis à la même table que trois gros gabarits aux voix de stentor : Pierre Bellemare, Jacques Balutin et Jacques Martin. Autant dire une flûte entourée de trois hélicons adeptes de la musique militaire. Au bout de quelques minutes et malgré de vaillantes tentatives, il devient évident que le plus petit des quatre est incapable de se mesurer aux autres : pas le moindre soupir dans la partition du trio. Le flûtiste ne parvient pas à placer une note.

Lorsque, quelques jours plus tard, les mêmes protagonistes se retrouvent dans le grand studio de la rue Bayard, Sim a su préparer sa revanche. L'enregistrement commence et le même scénario se répète : son filet de voix est vite étouffé par Balutin, Martin et Bellemare qui, se sentant seuls en piste, rivalisent de blagues et de bons mots. Lorsque soudain le public du studio explose de rire, d'un rire qui ne semble pas répondre aux propos des trois vainqueurs : Sim vient de sortir de son sac des pelotes de laine, des aiguilles et se met à tricoter. Avec l'air boudeur d'une grand-mère à qui on a demandé de se taire mais qui n'en pense pas moins, il occupe son temps libre et une langue appliquée dépasse d'un coin de sa bouche. Pas de doute, le public rit beaucoup plus de ce gag que de ce que disent les trois hurleurs. Impossible dès lors pour les autres invités et pour l'animateur de continuer à occuper le terrain et de passer sous silence ce qui divertit tant le public. En les obligeant à expliquer aux auditeurs ses faits et gestes, Sim vient de reprendre la vedette sans reprendre la parole.

Des tours de force comme celui-là, Sim peut en aligner des centaines. Chacune de ses apparitions confine au numéro de cirque. On l'a vu, en de nombreuses occasions, au grand désespoir de Philippe Bouvard, quitter le micro pour descendre dans le public et se jeter dans les bras du premier venu. Ces jours-là, son plaisir consiste à mimer le bébé en manque de tendresse. Quelques bisous dans le cou, quelques papouilles suffisent à provoquer l'hilarité. Si l'individu choisi n'a pas assez d'humour pour supporter un assaut aussi bizarre et s'il cherche à le rejeter, Sim fait ce que tous les bébés frustrés font : il pleure, il hurle et ses vagissements emplissent le grand studio. L'effet comique est assuré.

Il faut ajouter à cette description un rare talent de raconteur de blague :

— J'ai une belle histoire qui se passe au moment où les curés étaient encore en soutane. Il y a un jeune vicaire qui vient prendre son poste dans un petit bled, dont la paroisse est tenue par un très très vieux curé, très expérimenté. Le jeune vicaire a vingt-cinq ans, il est en pleine force de l'âge et, dans le presbytère, il y a une petite bonniche plutôt gironde. La chair est faible et on a beau être ecclésiastique... Bref, il n'arrête pas de regarder la petite bonne. Et un jour il craque et il la coince derrière une porte. Mais il est gêné par sa soutane qu'il est obligé de prendre avec ses deux mains. Et puis il est bien obligé de la lâcher pour soulever la robe de la fille. Et au moment où il croit qu'il va enfin pouvoir passer à l'acte, la soutane retombe sur ses parties vives. Alors il lâche la robe de la fille pour resoulever sa soutane. La robe retombe, il la rattrape et sa soutane redescend... Il se mélange tellement dans les vêtements qu'il n'y arrive pas. À ce moment-là, il y a le vieux curé qui passe dans le couloir, qui se rend compte de ce qui est en train de se dérouler derrière la porte. Le vieux curé s'approche et lui susurre : « Pssst ! La soutane... avec les dents. »

Les rires qui récompensent son anticléricalisme primaire encouragent, quelques minutes plus tard, Sim à la récidive :

— J'en ai une autre, plus osée. C'est deux prostituées

qui travaillent au bois de Boulogne. Elle arborent des tee-shirts sur lesquels il y a écrit « Jésus ». Il y a une bonne sœur qui passe en 2 CV et qui s'arrête. Elle sort, furieuse, et elle va trouver les deux putes. Elle se met à crier : « C'est honteux, enlevez-moi ça tout de suite. Je vais appeler l'évêché ! Non mais, vous n'avez pas honte, faire le métier que vous faites et de vous promener avec des tee-shirts sur lesquels il y a écrit "Jésus" ? » Et puis elle finit par partir en menaçant d'aller chercher la police. Alors une des deux putes se tourne vers sa copine et lui dit : « Alors tu vois, je te l'avais bien dit. "Je suce", ça ne s'écrit pas comme ça. »

Il n'est pas inutile, pour bien saisir l'étendue de son talent, de savoir que Sim a été, il y a quelques années, bruiteur de cinéma : à l'évidence, il a gardé le meilleur de ce passé professionnel. Au cours d'un gala, Philippe Bouvard lui avait offert l'occasion de donner la pleine mesure de ses étonnantes aptitudes :

— Monsieur Sim, vous savez faire le train, vous faites le bébé à merveille. Vous allez donc nous imiter un bébé qui se trouve dans un train sous les bombardements.

Sim, sans la moindre hésitation, prend le micro à pleine main et commence à souffler dedans. Le train en marche, le bébé, les avions, les bombes, tout y est, y compris la sirène de la locomotive et le choc régulier des rails. Passe même un contrôleur de la SNCF : « Bonjour messieurs dames, contrôle des billets, s'il vous plaît. » Ce jour-là, Sim a reçu l'ovation de sa vie. Avant de proposer :

— Vous voulez que je vous fasse les vaches dans les champs avec ?

Le registre de Sim ne s'arrête pas, loin de là, aux numéros visuels, aux blagues et aux imitations. La vivacité de son esprit lui suggère les meilleurs jeux de mots et les réflexions les plus cinglantes. Pour preuve :

— Philippe Bouvard est tellement petit que l'autre jour, quand il est monté dans sa voiture et qu'il a mis sa ceinture de sécurité, il ressemblait à Moshe Dayan.

Sim, en revanche, ne ressemble à personne. Il est inimitable.

TOI Y EN A JANE

Peu d'émissions de radio ont su se montrer aussi xénophiles. De l'acteur britannique, mais francophone, Peter Ustinov à l'étonnant magicien Garcimore, nombreuses sont les *Grosses Têtes* nées sous d'autres latitudes. Elles ont parfois suscité l'occasion de belles confrontations avec le personnage cocardier de Jacques Martin et celui de Français moyen joué par Gérard Jugnot. Elles ont également offert l'exotisme de leur accent à la langue de Racine et Molière. De mémoire d'auditeur, le plus délicieux reste à ce jour celui de Jane Birkin. Une histoire drôle, racontée par elle, prend tout de suite une saveur capable de réconcilier avec la perfide Albion le plus irascible des franchouillards. À l'heure de la construction européenne, l'exercice n'est pas inutile.

Aux *Grosses Têtes*, Jane a découvert son propre humour, fait d'ingénuité, d'audaces inattendues et d'étonnements, simulés ou non, devant les difficultés de la langue française et devant les mœurs parisiennes. Macha Méril prétend même que l'ancienne compagne de Serge Gainsbourg aurait avoué venir à RTL, dans les premiers temps de sa participation, en cachette de son mentor, qui n'approuvait pas ses incartades radiophoniques. Ce qui va suivre prouvera que Jane avait pourtant bien sa place dans le grand studio de la rue Bayard et qu'il aurait été dommage pour les auditeurs qu'elle s'abstînt.

Ce jour-là, Thierry Le Luron, présent aux côtés de la jolie blonde, lui sourit et plaisante. Le générique de début d'émission est envoyé et Bouvard, après les présentations d'usage, se tourne vers Le Luron :

— Vous avez imité Jane Birkin, déjà?

— Non, pas encore, mais je crois que je pourrais. J'avais pensé à une imitation, je voulais chanter :

Je suis venu te dire que je sens mauvais...

Jane Birkin rit mais proteste énergiquement :

— Oh! Serge ne sent pas mauvais! Ça n'est pas vrai! Il est le seul type qui se lave pas et qui pue pas.

La défense est maladroite et Sim ne se prive pas d'intervenir :

— Je l'ai vu se gratter avec un couteau, une fois.

La blague est énorme, mais Jane refuse toujours qu'on salisse la réputation de son compagnon :

— Non! Il se lave par petits bouts, mais il pue pas.

On saisit mal ce qu'elle a voulu dire. Bouvard essaye d'interpréter ses propos :

— Vous pensez qu'il se lave clandestinement?

Après un peu d'hésitation, elle répond :

— Je le soupçonne.

Sim revient à la charge :

— Il se lave les jours où il se rase.

On rigole ferme dans le studio. Mais comme le sujet semble gêner l'invitée, Bouvard, prévenant, passe à autre chose :

— Vous cuisinez parfois, Jane ?

— Oui, je fais de la panse de brebis farcie. Je fais ça très bien. J'aime nourrir les gens que j'invite. J'aime quand ça rentre dans la bouche, j'ai l'impression de faire du bien.

On hurle de rire autour d'elle et Jane réalise l'ambiguïté de sa dernière phrase :

— Non ! Non ! Ce n'est pas ça que je voulais dire. J'aime voir les gens manger. C'est mon côté femelle. J'aime quand ça rentre.

Le quiproquo s'amplifie, les rires aussi. Jane, de la main, couvre sa bouche. Mais il est trop tard.

— Non ! Non ! Oh ! mon Dieu ! Oh ! Zut alors !

L'entrée en matière a été belle, Bouvard peut envoyer sa première question.

— Qu'est-ce que les Écossais, habillés de leur costume traditionnel, ont dans leur chaussette ?

Une question à l'évidence choisie à l'intention de la seule invitée britannique présente. Jane n'hésite pas :

— Un couteau.

— Oui ! Bonne réponse de Jane Birkin. Et alors comment est habillé un Écossais sous son kilt ?

— Eh bien, il a une sorte de longue culotte en laine. D'ailleurs je trouve ça beaucoup mieux. J'aime pas les petites culottes-slips, c'est horrible. D'ailleurs je préfère sans slip du tout dans les pantalons. Je trouve ça très mignon quand tu devines de quel côté, tu trouves pas ?

Le visage surpris de Bouvard fait comprendre qu'il ne

partage pas l'émotion de Jane Birkin. Toutefois, il croit bon de tirer une conclusion de ce touchant aveu :

— La politesse exige donc qu'on retire son slip en présence de Jane Birkin.

Elle sourit mais n'en demande pas tant :

— Moi, je suis contre le slip. Alors là, si je pouvais faire une déclaration contre le slip ! Je trouve que c'est le chose le plus immonde, le plus antisexy que j'aie jamais vu sur un homme. D'ailleurs, j'ai jamais su ce que c'était sur un homme, parce que j'ai toujours enlevé...

Cette fois, Jane n'est plus seulement maladroite, elle flirte avec la provocation et suscite les rires. Encouragée, elle poursuit son exposé critique sur la mode du slip :

— Au cinéma, tu vois les hommes qui enlèvent leur pantalon, ils ont un truc orange ou vert, ou bleu... c'est antisexuel au maximum ! C'est la débandade.

Philippe Bouvard relève les couleurs :

— Vert, bleu ? C'est parce qu'ils se sont cognés.

Jane Birkin conclut sa diatribe :

— Ah ! non, vraiment, les slips des messieurs ça laisse beaucoup à désirer. Il y a tout un travail à faire.

À nouveau, l'ambiguïté fait rire. Bouvard réplique en prenant un ton de remerciement :

— Les slips des messieurs laissent à désirer ? Voilà une belle expression, nous l'acceptons comme un hommage.

Pour appuyer ces dires, Sim esquisse une révérence à Jane. Celle-ci a un souvenir intime à livrer :

— Moi, j'ai trouvé encore pire : c'est quand l'élastique a claqué et qu'ils sont obligés de faire un gros nœud devant.

Encore une effroyable maladresse langagière. Le public rugit et applaudit l'infortunée :

—Ah! c'est pas ça que je voulais dire! Oh! merde alors! Tu aurais pu m'arrêter avant que c'était trop tard!

DES *GROSSES TÊTES* DANS LE PETIT ÉCRAN

Les Grosses Têtes avaient déjà connu une mue plus visuelle avec les galas. De ville en ville, des numéros, des sketchs, des morceaux de bravoure ont été répétés, peaufinés, parfaits. Il était inévitable que la télévision récupère un jour cette expérience des planches et devienne le cadre de ces délires. La première apparition de la troupe sur le petit écran, à l'occasion de la 2 500e, n'avait pas, malgré un relatif succès d'audience, su convaincre : quarante *Grosses Têtes*, réunies sous la coupole d'Antenne 2 et baptisées Académiciens du rire avaient donné un spectacle trop confus pour que la formule s'installe. Il faut en fait attendre la 5 000e et décrocher le concours de TF1 pour que, au soir du 31 janvier 1992, date de sa diffusion, *Les Grosses Têtes* mènent à bien l'assaut définitif et prennent enfin leurs quartiers sur le petit écran, malgré une Berezina télévisuelle patente au cours de l'enregistrement.

L'affiche est pourtant exceptionnelle. Les quarante-cinq invités ayant répondu présents à l'appel sont tous et toutes des valeurs sûres. Aux pères fondateurs et assimilés que sont Jacques Martin, Jean Dutourd, Jacques Balutin, Sim, Léon Zitrone, Jean-Pierre Coffe, Gérard Jugnot et Olivier de Kersauson, se sont joints tous ceux qui, montés en cours de route, n'en ont pas moins marqué l'histoire de l'émission radiophonique. Chacun arrive à Bobino visiblement réjoui à l'idée de pousser un peu plus loin l'aventure. Un buffet somptueux et particulièrement bien pourvu en alcools a été dressé pour soutenir la bonne humeur. Hélas ! Des problèmes de mise en place technique retardent l'heure du coup d'envoi. Il fait chaud. Pour faire patienter les fauves, on leur sert force rafraîchissements. Sur le plateau, les imprévus se révèlent plus complexes qu'on ne l'avait prévu. Qu'importe, le buffet est là pour maintenir le moral de la troupe.

Lorsque, quatre-vingt-dix minutes après l'heure prévue, le tournage démarre enfin, le public, conquis d'avance, applaudit à tout rompre l'entrée dans l'arène de ses idoles. Une entrée qui ressemble plus à une sortie de boîte de nuit pour la grande majorité des *Grosses Têtes*. Kersauson, qu'on croyait habitué au roulis de la haute mer, tangue dangereusement sur son siège. Martin, après avoir trop levé le coude, les garde tous deux appuyés sur ses genoux et se tient la tête entre les mains. Sim, peut-être pour la première fois de sa carrière, est incapable d'articuler un mot. Coffe, Balutin et Ceccaldi ne sont guère plus opérationnels. Carlos, dont le gabarit pouvait laisser espérer qu'il supporterait mieux l'alcool, présente un visage plus rouge que sa veste. Philippe Bouvard pâlit en réalisant soudain ce qui s'est produit : ils sont *tous* très très gais.

Un festival de blagues salaces ouvre le bal. Ce sont les

pires qu'on ait entendues de mémoire de *Grosses Têtes*. De celles que les oreilles les plus averties supportent difficilement. Les invités d'honneur, tels Philippe Labro et Jean Farran, sont consternés. Très vite, la machine s'emballe, ceux qui sont interrogés ne parlent pas, ceux qui ne le sont pas parlent en se chevauchant et répondent à contretemps. Les quarante-cinq participants confèrent à la soirée l'atmosphère d'une salle de classe trop nombreuse : en dépit de tous ses efforts, Bouvard ne parvient pas à imposer un semblant de discipline au milieu des diversions qui naissent à droite et à gauche. L'anarchie est joyeuse, certes, et les trois cents spectateurs privilégiés de Bobino rient et applaudissent ; ils sont indulgents. « Quand dit-on d'un amiral qu'il est *plein* ? » La question fait lever la tête à Kersauson qui, au lieu de répondre qu'un amiral est plein lorsque son grade l'autorise à porter cinq étoiles, réplique : « Maintenant. » Un instant de lucidité. Le seul.

Trois heures et quart plus tard, le tournage est arrêté. Le verdict de la régie tombe : « Il n'y a que vingt minutes utilisables ! » C'est la catastrophe. A dix jours de sa diffusion, l'émission a déjà été annoncée à grand renfort de publicité. RTL et TF1 se sont mutuellement engagées et une importante case horaire a été réservée. Impossible, alors que minuit est passé, de relancer un enregistrement. La session a été éprouvante. Les invités qui se sont fait resservir à boire sont définitivement hors d'état de corriger le tir. Il n'est pas davantage envisageable de reconvoquer, pour le lendemain par exemple, une assemblée aussi prestigieuse sans buter sur les emplois du temps de chacun. La cause semble définitivement perdue.

Philippe Bouvard s'avise alors que six émissions radiophoniques spéciales sont prévues durant la semaine suivante à Bobino. Ne pourrait-on pas les filmer et compléter ainsi les malheureuses vingt minutes ? Il faut tenter le coup. Hélas ! Le décor de l'émission ne peut pas être maintenu. Pire, le panel prévu pour ces six émissions est sans rapport avec celui de la calamiteuse soirée télévisuelle. On les filme quand même. Le travail de montage, véritable casse-tête, aboutit à un produit bizarre, truffé de raccords plus que douteux : un pot-pourri sans véritable fil conducteur. Au lendemain de la diffusion, Bouvard attend les résultats de l'audience avec le calme du condamné à mort. Le téléphone sonne. C'est Étienne Mougeotte : « On a fait un carton. 55 % des téléspectateurs ont suivi l'émission ! » Très vite, il est décidé de programmer régulièrement *Les Grosses Têtes*, et à une cadence qui va s'accélérer peu à peu. Une nouvelle ère commence.

Le pouvoir de l'image : grâce à la télévision, Evelyne Leclercq a prouvé à la France entière qu'elle n'était pas une menteuse. Quelques jours après avoir affirmé, à l'antenne de RTL, qu'elle était « en possession d'une côtelette de mouton momifiée par magnétisme il y a vingt-cinq ans », ce qui avait bien entendu provoqué l'hilarité générale, Evelyne profite d'une émission des *Grosses Têtes* télévisée pour présenter la fameuse côtelette à la France entière. Filmée en gros plan, la côtelette apparaît desséchée mais intacte, la putréfaction ne l'a pas atteinte et celle qui l'a « magnétisée » voilà un quart de siècle affiche un sourire victorieux. « Alors, vous voyez, c'est pour vous prouver que je ne racontais pas n'importe quoi. Je l'ai gardée en souvenir. » Le moment de surprise passé, *Les Grosses Têtes* se ressaisissent. Kersauson ouvre le feu :

— Elle l'a gardée en souvenir. C'est la côtelette d'un mouton qu'elle a beaucoup aimé. Ils ont eu un accident de voiture ensemble et depuis elle en conserve une côtelette. Non mais, quelle cinglée !

L'Amiral échappe de justesse à une gifle pendant que Sim poursuit :

— Tu devrais plutôt magnétiser Castelli, il est déjà presque momifié, la moitié du travail est fait.

Montagné enchaîne sournoisement :

— Pour la magnétiser, comment tu t'y es prise ? Tu as fait des passes ?

La conclusion revient à Jacques Balutin :

— Attends, si je comprends bien, tu tripotes et ça durcit ? C'est intéressant, ça. Tu sais que si tu opères avec autre chose qu'avec des côtelettes, il y a un fric fou à faire ?

Quelques mois plus tard et probablement pour la consoler, Philippe Bouvard offre à Evelyne l'occasion de mettre à contribution ses talents de comédienne. Le temps d'un sketch, les *Grosses Têtes* vont faire revivre la grande époque de l'ORTF, l'époque où Corneille, Racine et la Comédie-Française avaient leurs entrées à vingt heures trente sur le petit écran. La scène de Bobino est ce jour-là décorée d'un lit. Sous les draps, on distingue deux formes qui s'agitent. Deux têtes apparaissent bientôt, celle de Francis Perrin, visiblement dépité, et celle d'Evelyne qui laisse éclater une colère mise en vers par Jack Anaclet :

Quoi! Me laisser ainsi en cette vaine attente
Moi qui voyais en vous le fils de Cupidon!
Vous de qui j'attendais une ardeur consistante
Ce modeste ornement n'a rien de folichon!
Vous m'offensez, monsieur! Je ne suis pas contente!
Je méritais le roi... Je n'ai que le bouffon!
Enfin, regardez-moi! Ne suis-je pas tentante?
Et vous! Regardez-vous... Posez-vous des questions!

Le rouge au front, Francis Perrin soulève un coin de drap et regarde son propre entrejambe, mais ne peut que constater son manque de vigueur. Il faut renoncer. Il lève les yeux au ciel et déclame :

Ô rage, Ô désespoir, Ô mollesse ennemie!
N'ai-je donc tant vécu que pour cette infamie?

Puis baissant à nouveau les yeux et s'adressant cette fois directement à l'objet fautif, il reprend :

Mon fer de lance, ma vie, mon orgueil, ma fierté!
Pour la première fois te voilà terrassé...
Et toi qu'avec respect, autant de femmes admirent
Me faire ça à moi! Tu ne peux trouver pire!
Toi dont j'étais si fier dans tant de corps à corps
Tu culbutais les reines, les grues ou les pécores...
Toi qui étais si prompt à présenter les armes
Je t'en supplie, pour moi, verse encore une larme!
Je ne te reconnais plus, rikiki, rabougri
Relève-toi, crétin! Sans toi je suis trahi...
Faut-il de ton état voir triompher la honte?

Parlant toujours à son flasque organe, Perrin, d'un mouvement de menton, semble lui désigner Evelyne et poursuit :

Pour retrouver l'honneur, que veux-tu ? Qu'elle te trompe,
Afin que le courroux sur toi souffle en tempête
Et que, gonflé d'orgueil, tu dresses enfin la tête ?

Perdu dans ses sombres pensées, Perrin sort du lit, regarde Evelyne Leclercq toujours insatisfaite, puis va saisir par la peau du cou Sim qui, invisible jusqu'alors, était caché derrière la tête du lit. Surpris en flagrant délit d'indiscrétion, Sim n'en mène pas large. Perrin reprend :

Pour tester ma rancœur, j'ai toujours pas très loin
Quelque sombre voyeur embusqué dans un coin.

L'amant défaillant lance alors, d'une poussée franche et définitive, Sim en pâture à Evelyne qui s'en saisit à plein bras. Et là, c'est l'incident, Perrin hésite sur le vers suivant, se trompe. On continue à filmer mais il faut reprendre la scène plus haut. Le voyeur retourne donc se cacher et Perrin recommence sa tirade. Hélas ! Parvenu à la même ligne, et après s'être emparé de Sim et l'avoir poussé pour la deuxième fois vers Evelyne, il se trompe à nouveau. On doit procéder à une troisième prise. Sim, à l'étroit dans une simple figuration, saute sur l'occasion d'improviser :

— Dis donc, Francis, si tu y arrives pas, je vais devoir me finir à la main !

L'assistance éclate de rire. Perrin, pas démonté, réplique :

— Ne t'inquiète pas. Cette fois, je tiens le bon bout.

On se gondole deux fois plus. Perrin attend que le plateau retrouve son calme et, s'adressant à Evelyne, conclut enfin :

Arrête de ricaner, assouvis tes instincts
Passe, pour te venger, en de meilleures mains.

L'amant généreux part, très digne, et laisse pudiquement la place à Sim qui s'engouffre sous les draps. Fin de la scène.

À ce mémorable numéro d'acteurs, a succédé, quelques jours plus tard, une autre prestation, que Francis Perrin est certainement le dernier à pouvoir raconter. Il en a pourtant été le héros, applaudi à tout rompre ; mais ses souvenirs se sont probablement perdus dans les vapeurs de l'alcool. De mémoire de téléspectateurs, on a rarement assisté, toutes chaînes et toutes époques confondues, à une libation aussi extrême.

Distingués connaisseurs, croyez-bien, je vous prie
Que grand est mon honneur de vous avoir ici.

C'est sous la signature de Jack Anaclet que Francis, au milieu de la scène, entame cette déclamation bachique, costumé en compère de la dive bouteille ; la longue robe de velours, le chapeau rabelaisien, la grand-croix des amateurs de bon vin pendant à son cou, tout concourt à évoquer le grand prêtre d'une société vinicole. Une barrique estampillée « Confrérie des *Grosses Têtes* » sur laquelle trône un magnum de « Château *Grosses Têtes* » et un verre d'une contenance largement supérieure à la normale (cinquante centilitres) achèvent de planter le décor. Nous sommes dans une cave du bordelais et un rituel se prépare.

Pour vous introniser je vous ai réunis,
Pour qu'enfin vous soyez de notre confrérie.

La diction exagérément appuyée, le coup de menton et les jambes flageolantes de l'acteur scandent le dernier vers. Perrin joue à merveille le compagnon déjà pris de boisson. La réalité va vite succéder à la composition. Carlos, depuis sa chaise, laisse échapper un hoquet fleurant la vinasse que Perrin reçoit comme une preuve de foi :

— Exactement. Il est déjà des nôtres, lui.

Puis il reprend :

Que vienne le premier de ces fils de Bacchus.
Ah! ce fils est une fille! Viens par ici ma puce.

C'est bien sûr Evelyne Leclercq qui s'est levée. Souriante, elle s'approche à grands pas pour se prêter au cérémonial de son ordination.

Ton enthousiasme fou à te précipiter,
Laisse bien augurer de ta capacité.

Perrin s'empare alors de la monstrueuse bouteille et remplit son verre à grands flots.

Ah! admire ce nectar, ce breuvage divin!

Le grand maître ne laisse pas le temps à la prétendante de contempler les reflets rubis du liquide, il vide d'un seul trait le verre. Autour de lui, chaque gorgée fait s'écarquiller un peu plus les yeux; la dernière est noyée sous les applaudissements. Perrin apaise le public en levant les deux mains, manière de dire : « Attendez, vous n'avez encore rien vu. » L'inquiétude pointe. On se tourne vers Bouvard qui, du regard, fait comprendre que ce beau geste n'était pas prévu et que Perrin ne répond pas à une consigne de sa mise en scène. Le comédien reprend son texte :

Et pour goûter aussi, voici ce taste-vin.

Maladresse ? Blasphème ? Le grand prêtre de Bacchus laisse échapper le récipient de métal argenté. Evelyne se penche pour le ramasser et, ce faisant, présente à Perrin une croupe tendue qui, outre la concupiscence, appelle le commentaire :

Reconnaissez quand même, qu'on tient là un bon cru.
Bien en cuisse, rond en bouche, gouleyant et fessu.

Evelyne se relève et restitue respectueusement le taste-vin à Perrin qui se charge de le remplir pour elle. Ce qui est vite fait avec une si chiche écuelle : parcimonieusement, il laisse échapper un mince filet rouge de sa bouteille, la relève aussitôt et offre à sa future consœur deux ou trois malheureux centilitres de vin.

Viens goûter. Tiens, voilà, comme ça. Pas plus, pas gâter les bonnes choses...

Nettement plus généreux envers lui-même, il penche le magnum franchement et honore son propre verre.

Ah ! mon Dieu ! C'est trop bon ! J'vais m'en remettre une p'tite dose !

Le regard amoureux que Perrin lance au torrent s'écoulant dans son verre suscite, à parts égales, le rire et l'inquiétude dans l'assistance. Il ne va tout de même pas recommencer? Carlos, bien informé des ravages que peut occasionner l'alcool, tente, depuis la touche, de rappeler son ami à la modération. Sourd à la voix de la raison, Perrin engloutit une fois de plus les dangereux décilitres. Evelyne Leclercq, aux premières loges pour assister à cette orgie solitaire, ouvre des yeux effarés et crie sa surprise :

— Ah ! Je ne le crois pas !

Quelques gouttes vermeilles glissent jusqu'à son menton et témoignent pourtant que la scène se déroule sans trucage. Un déchaînement d'applaudissements salue cette nouvelle prouesse. Guy Montagné, hilare et catastrophé, tient sa tête entre ses mains. Sim, pour une fois dépassé dans l'outrance, visse son index sur sa tempe. Bouvard, lui, hésite entre le rire et le regret de n'être pas intervenu. Apparemment toujours en possession de ses moyens, Perrin empoigne Evelyne par la taille. Vénus n'est jamais loin de Bacchus : Perrin affiche un air lubrique.

Emballez, c'est pesé ! Je te fais chevalier !

Une main aux fesses, ferme et appuyée, fait office d'adoubement.

Toi, il faudrait pas beaucoup pour t'introniser.

Ravie par cette promotion mais agressée par l'haleine chargée du satyre, elle se pince le nez et tente de s'échapper. Mais Perrin maintient fermement sa prise et l'entraîne vers ses pairs.

Ah! Ta famille est ici,
Regarde tous ces cons...
Compagnons du pipi...
Compagnons du pinard, fêlés du tire-bouchon.
Voilà notre doyen.
Appuie-lui sur le pif,
Je parie qu'il en sort du beaujolpif.

Ainsi titré, Carlos lève son verre de quelques degrés et, solennel, confirme :

— Je suis témoin de Gévéor.

A cette réplique improvisée, Perrin rit et poursuit les présentations en désignant Montagné à Evelyne :

Quand le mauvais temps menace les vendanges,
Ces coups de tonnerre à lui ne sont pas des vents d'ange.

Montagné, après un instant de flottement, exécute au micro une imitation de pet sonore. Aussitôt, Perrin, le gosier asséché par tous ces vers, abandonne Evelyne, se rue à nouveau sur son breuvage adoré, s'en ressert une lampée et la fait miroiter sous la lumière. Cette fois, dans l'espoir de le freiner, Bouvard fait tinter son propre verre (d'eau) à grands coups de stylo. Sans effet notable sur le comportement de l'ivrogne magnifique.

Ah! Plus je parle, plus j'ai soif, quel horrible dilemme!

D'un trait, Perrin avale sa rasade. Le public applaudit et lance quelques « Olé » de corrida.

Allez, tiens! Encore une. À ta santé. Car pour faire
la fête,
On n'a rien trouvé de mieux qu'un coup de
« Château Grosses Têtes *»!*

A ce dernier vers, on s'attend à ce que l'acteur, victorieux, salue son public et se retire. Hélas! Perrin, survolté, remplit son verre aux trois quarts et le vide plus vite encore que les fois précédentes. Avec la même précipitation que mettrait un pilier de comptoir à exiger « le dernier » avant qu'on ne ferme le bistrot. C'est l'explosion. Le public redouble d'acclamations. Bouvard, bien qu'admiratif devant cet ultime tour de force, appréhende déjà, pour le lendemain de la diffusion, le courrier volumineux et vindicatif que les ligues anti-alcooliques ne manqueront pas de lui adresser. Perrin et Evelyne Leclercq sur l'air de *Il est des nôtres* joué par Bob Castel, se lancent dans une polka de bacchanale autour du tonneau de la confrérie. Les pas du danseur sont moins assurés que ceux de la danseuse. Fin de la scène. On interrompt le tournage pour faire disparaître le décor. Des quatre coins de la scène, les *Grosses Têtes* viennent évaluer l'état de Francis Perrin, sous prétexte de le féliciter pour l'investissement personnel qu'il met à l'exercice de sa vocation d'acteur. Il semble tenir le choc.

Quelques minutes plus tard, l'enregistrement reprend. Lagaf empoigne le micro et se lance dans un rap parodique et mouvementé. Puis vient le moment où Carlos, profitant d'un temps mort, se propose pour une histoire drôle. On lui laisse le champ libre, il s'élance :

— C'est un mec qui fait des recherches sur la mémoire...

À sa gauche, à la table voisine, un éclat de rire le coupe. Francis Perrin, le visage rouge et tordu de rire, vient de réagir à ce que Sim, sournoisement, lui a glissé à l'oreille.

On rit. Carlos reprend. Seconde interruption de Perrin, encore une fois poussé à la faute par Sim. Perrin tente de s'excuser auprès de Carlos, qui n'est d'ailleurs pas vexé tant la bonne humeur du saboteur le réjouit. On se doutait bien que la libation de tout à l'heure ne resterait pas sans conséquence. Bouvard, index tendu vers le perturbateur, inflige une punition en forme d'exercice obligé :

— Puisque vous êtes si fort, racontez donc-z-en une !

Hilare, Perrin tente de reprendre ses esprits et s'exécute docilement :

— C'est un type qui va voir son médecin et qui lui dit : « Docteur, j'ai l'impression que j'ai toutes les maladies qui existent. » Le praticien lui répond : « Déjà, je devine que vous avez de l'amnésie et du diabète ». Le type est très surpris et lui demande comment diable il a pu aussi vite établir son diagnostic. « C'est très simple, votre braguette est ouverte et il y a une guêpe qui tourne autour. »

Parmi les éclats de rire qui secouent Bobino, les plus forts sont ceux de Perrin lui-même qui s'enfonce dans sa chaise tant il a mal aux côtes. Il fait tant plaisir à voir, qu'au bout de quelques secondes, on finit par rire plus encore du spectacle de son autosatisfaction que de sa blague. Jusqu'à ce qu'un grand « OH » stoppe les rires. Perrin, sous les effets conjugués de l'ivresse et de la joie, vient de faire basculer sa chaise vers sa gauche. Sur sa trajectoire, il a rencontré Sim et l'a entraîné dans sa chute. Un membre du public, Lagaf et un technicien se précipitent, avec une fraction de seconde de retard : lorsqu'ils arrivent, deux *Grosses Têtes*, empêtrées dans deux chaises et quelques fils électriques gisent sur le sol. De face, la caméra fixe une table déserte. Une main finit par apparaître, puis le visage de Sim rajustant ses lunettes, tandis que le rire de Perrin résonne à nouveau. On les relève, on fait rasseoir Perrin qui affiche toujours un rictus bienheureux. La peur passée, les rires et les bravos sanctifient l'événement. Sim donne la conclusion adéquate :

— Je vais vous dire, cette histoire-là, elle a une très bonne chute.

L'émission reprend son cours. Perrin, qu'on pouvait craindre diminué, réussit à faire plus que bonne figure dans un numéro en coopération avec Guy Montagné. Tout se termine en chanson, le chœur des *Grosses Têtes* clôt la soirée. Après quelques pas de danse sur le générique de fin et quelques autographes, les invités regagnent les coulisses.

Sur le chemin des loges, Guy Montagné s'inquiète pour Perrin :

— Ça va, Francis ?

Un peu surpris, Perrin répond qu'il va bien. Il faut quelques minutes de conversation pour que Montagné réalise que l'ivrogne, pris par la scène et le jeu, ne s'est pas même rendu compte de ses excès.

— Tu sais ce que tu as bu ?

— Non, combien ?

— Mais... tu as avalé un magnum de pinard !

Francis Perrin rigole, persuadé qu'on cherche à lui faire une blague. Il faut encore le persuader qu'il a levé le coude plus que de raison. Ce qui, l'alcool faisant un peu plus effet de minute en minute, n'est pas facile. À bout d'arguments, Montagné finit par décider Perrin à aller se forcer à vomir dans les toilettes.

— Va vite te mettre deux doigts dans la gorge et rends tout ce que tu peux si tu ne veux pas être malade.

Perrin, à peine convaincu, s'éloigne en direction du lieu recommandé par son camarade. Ce dernier, un peu inquiet, reste à l'attendre. L'acteur ne refait surface qu'un quart d'heure plus tard, rendu livide par cette inattendue et désagréable troisième mi-temps. Il lance alors à Montagné une réplique mémorable :

— Tu sais, Guy, tu devais avoir raison parce que ça a duré un bon moment.

Le théâtre de Bobino se vide lui aussi et on propose à Perrin de le raccompagner chez lui. Il répond que ce n'est pas nécessaire. On insiste. Il décline. On suggère un taxi. Il remercie mais refuse encore. L'acteur finit par s'éloigner en direction de la sortie, d'une démarche chaloupée. Lorsque, une demi-heure plus tard, les derniers invités quittent Bobino, pas un ne remarque que, sur le parking, la voiture de Francis Perrin est restée à sa place. Le conducteur, ronflant sur son siège, y entame sa nuit.

CARLOS-MONTAGNÉ : LES TENNISMEN DE LA GAUDRIOLE

S'il y a aux *Grosses Têtes* des duos fondés sur l'entraide, tel celui formé par Jugnot et l'Amiral, il en est d'autres qui se nourrissent d'un sentiment que l'on aurait pu croire réservé au commerce : la concurrence. Le terme émulation serait plus juste pour désigner l'affrontement auquel se livrent Guy Montagné et Carlos. Tous deux exercent, avec un même bonheur, l'art complexe qui nécessite un profond sens de l'observation dans la préparation et un rythme endiablé dans l'exécution : la blague. Un exercice de base pour le comique professionnel, rendu d'autant plus difficile que le jugement des confrères est souvent sans appel. « Il n'aurait pas dû la raconter comme ça. » « À sa place, j'aurais mimé le type qui sort de sa salle de bains. » « Je connais la même, mais avec un Américain et un Belge, elle est bien meilleure. » Une bonne histoire mal racontée n'est plus une bonne histoire.

Montagné et Carlos mettent tout leur talent pour faire accéder de simples blagues de comptoir au rang plus ambitieux d'histoires drôles. Quel est le meilleur des deux? Au lecteur de juger en lisant ce qui va suivre et qui est le compte rendu du duel auquel les deux compères se sont livrés à l'occasion de l'enregistrement d'une émission télévisée à Bobino.

Comme souvent, c'est Montagné qui ouvre le feu. Doucement pour commencer. Réagissant à une première question dont le sujet était la contraception, il prend subitement l'accent belge pour en poser une autre :

— Est-ce que vous savez pourquoi les femmes françaises prennent la pilule? Non? Parce qu'elles ont trouvé que c'était plus facile à avaler que le préservatif.

Bobino se divise instantanément en deux clans : les femmes qui sont horrifiées et les hommes qui rigolent. Carlos, comme les autres invités mâles, applaudit de bon cœur. Quelques minutes plus tard, l'occasion lui est donnée de renvoyer la balle. On vient de répondre à une question portant sur la distinction à faire entre le baisemain français et le baisemain allemand. C'est Evelyne Leclercq qui a trouvé : le baisemain est admis outre-Rhin pour les jeunes filles, alors que la France réserve cet hommage aux seules femmes mariées. Carlos bondit :

— En parlant d'Allemagne. C'est une famille allemande dont le nom est Enquarantedeucétaichouette. Ils ont deux enfants, un fils et une fille. Vous savez comment ils les ont appelés?

On a, dans l'assistance, à peine le temps de se creuser la tête que Carlos rompt le suspense :

— Ils les ont appelés Gédéon et France. Gédéon France Enquarantedeucétaichouette!

On rit beaucoup et longtemps, un peu plus qu'à l'histoire précédente. Montagné sent qu'il doit réagir pour reprendre l'avantage. Il jette un coup d'œil à Carlos :

— A propos d'Allemands... c'en est un qui demande conseil à un Français pour draguer une Française qui lui plaît bien. Le Français lui dit : « Tu sais en France, on est assez délicat, pour la draguer tu dois opérer une série de manœuvres subtiles. D'abord tu l'invites à dîner. Ensuite tu rentres à l'hôtel avec elle, tu vas dans la chambre et tu commandes une bonne bouteille de champagne. Tu t'approches d'elle... »

Montagné s'avance près de Macha Méril, balançant les hanches dans une démarche qu'Aldo Maccione n'aurait pas reniée.

— Tu lui tends une coupe de champagne de la main droite et tu l'enlaces langoureusement avec ton bras gauche. Et là, maladroitement, tu fais exprès de laisser tomber une goutte de champagne sur l'épaule droite de la fille. Tu penches la fille vers la gauche de façon à ce que la goutte coule jusqu'à son sein gauche. Elle dégouline jusqu'au téton et là tu redresses la fille dans l'autre sens pour que la goutte tombe sur sa cuisse droite. Et là, avec tes lèvres tu rattrapes la goutte et tu vas la déposer d'un baiser sur sa main droite. La fille craque à coup sûr.

« Alors l'Allemand a l'air très impressionné, et il dit : "Ah, gut ! Kolossal finesse !" Il réfléchit un peu et il demande : "On peut faire la même chose avec de la bière ?"

Les rires et les applaudissements qui suivent récompensent Montagné, lequel, loin d'être satisfait et afin de bien marquer son avantage sur Carlos, redémarre sans attendre. Cette fois, l'artiste se sert d'une arme supplémentaire : l'imitation. Les yeux un peu plissés et une bouche en cul-de-poule font furieusement penser à un célèbre ancien et toujours vivant président de la République française :

— C'est un de nos hommes politiques qui est invité à la garden-party royale à Londres et qui a un peu abusé du bu... bu... buffet. Il se balade le verre à la main et tout d'un coup il voit une silhouette de femme avec une robe longue très colorée. Il se retourne pour voir si son épouse n'est pas dans les parages : « Anémone ? Anémone ? » Elle n'est pas là. Alors il s'approche de la silhouette en robe longue et il lui dit : « Madame, bonsoâââr. J'écoutais la musique que l'on joue en ce moment et je me demandais si vous accepteriez de danser un tango avec moi ? » La silhouette le regarde calmement, fronce les sourcils et lui répond : « Monsieur il y a trois raisons pour lesquelles je ne danserai pas un tango avec vous. La première c'est que vous êtes complètement bourré. La deuxième c'est que ce que vous entendez n'est pas un tango, c'est le *God save the Queen*. La troisième c'est que je ne suis pas "Madame". Je suis l'Archevêque de Canterbury. »

C'est un triomphe pour Montagné. Carlos, fair-play, applaudit mais contre-attaque aussitôt. Il se sent même obligé d'avoir, lui aussi, recours à l'imitation :

— J'ai croisé Castelli l'autre jour. Il avait une magnifique chaîne autour du cou avec un suppositoire en guise de pendentif. Alors je lui demande pourquoi et, lui, il me répond : (*Voix castellienne.*) « Ah, ben c'est parce que le médecin m'a demandé de suspendre mon traitement. »

Sous l'ovation du public de Bobino, Carlos se tourne vers Montagné et, d'un mouvement de menton, semble lui demander son avis. D'un air de dire : « Alors? Et celle-là tu la connaissais? » Montagné hoche la tête. « Pas mal, pas mal du tout ». Les autres invités entrent dans la danse mais le match n'est pas terminé. Quelques questions plus tard, Montagné relance la partie :

— C'est un croque-mort, durant une veillée funèbre. Il entreprend de consoler la veuve et...

La main de Montagné, subitement posée sur le sein gauche d'Evelyne Leclercq (un peu surprise mais consentante) fait comprendre à l'assistance que le croque-mort n'est pas insensible à la veuve. De macabre, l'atmosphère devient soudainement gauloise, puis franchement libidineuse.

— ... en la regardant, il s'énerve un peu. « Allons madame, du courage. Ne pleurez plus. » Et là, crac! Il se jette sur elle et ils font l'amour. Et c'est terrible! Et ça dure toute la nuit! Et au petit matin pendant qu'elle dort encore, il se lève et avant de partir...

Evelyne Leclercq fait semblant de dormir et Montagné d'enfiler son pantalon, de fermer sa braguette mais, gardant une main sur sa fermeture Éclair, il hésite et tapote de son autre main l'épaule de la veuve. Et, d'une voix grave, d'une voix sépulcrale de croque-mort :

— Madame, madame, réveillez-vous. (*Temps mort.*) Souhaitez-vous *la* voir une dernière fois?

Tout Bobino explose de rire. Carlos félicite son adversaire et enchaîne.

— J'ai une petite précision à donner...

Le rire hoquetant de Thierry Roland l'interrompt mais Carlos ne se laisse pas distraire. Il a encore une carte à jouer.

— Une petite précision. Vous savez que les croque-morts, il y a longtemps, avaient l'habitude de mordre le gros orteil des cadavres...

Macha Méril confirme :

— Oui, pour vérifier s'ils étaient bien morts.

Carlos, coupé pour la seconde fois, reprend :

— Oui, eh bien, figurez-vous qu'un jour il y en a eu un qui devait être vraiment bourré et qui s'est trompé. Il a mordu le doigt du milieu. Et c'est comme ça que sont nées les pompes funèbres.

Les rires fusent. Carlos ne lâche pas le mors pour autant : quelques instants plus tard, il remet le couvert :

— C'est un type qui dit à ses copains : « Dans quelque temps, je ne serai plus un modeste gratte-papier, je vais ouvrir un restaurant et je vais faire un triomphe, j'ai trouvé un nom terrible pour mon restaurant qui marchera du feu de Dieu ! » Ses copains sont un peu étonnés et lui demandent quelle cuisine il va faire dans son restaurant. « Je vais vendre des frites, des saucisses et des hamburgers. — Et tu crois vraiment que ça va marcher? — Oui, j'ai trouvé un nom super pour mon restaurant, je l'appellerai "Ma Bite Mickey", ça va marcher terrible ! » Ses copains sont de plus en plus surpris. « Tu vas l'appeler COMMENT ? — Je vais l'appeler "Ma Bitte Mickey". J'ai un copain qui a fait un triomphe aux États-Unis avec "Ma Queue Donald".

Le public ovationne le conteur. Montagné félicite son adversaire mais feint d'être choqué :

— À mon tour, je vais rafraîchir un peu.

Carlos, hilare, lui laisse le champ libre :

— Rafraîchis, Guy.

Il se lève et s'avance vers le centre de la scène :

— Ce sont deux chasseurs belges qui se promènent dans la nature avec leurs fusils et qui croisent un braconnier. Il y a un gros lapin qui dépasse de la gibecière du type. Alors un des deux Belges, admiratif, lui dit : « Oh ! dites-donc, là ! Vous en avez un beau lapin. Mais, vous n'avez pas de fusil ? » Alors le braconnier répond qu'il n'en a pas besoin. « Moi, les lapins, je les attrape comme ça, hop ! avec les mains. — Ah ! ça alors ! Mais comment faites-vous ? » Le type, qui a repéré que les deux chasseurs parlent avec un accent belge, veut leur faire une blague et leur répond : « Eh bien, c'est simple : vous vous postez devant un terrier et vous imitez le cri de la carotte ». Et puis le braconnier change d'avis et leur dit que ce n'est pas vrai et qu'en fait il faut tout simplement se mettre devant un gros terrier et attendre : « Parce que plus le terrier est grand, plus le lapin sera gros ». Les deux Belges le remercient du conseil et repartent en chasse : « Alors, nous allons essayer une fois ». Et le lendemain, dans les journaux, titre en première page : « Deux Belges retrouvés écrasés à la sortie d'un tunnel » !

Après le déchaînement de mimiques et de postures qu'occasionne chacun des récits de Montagné, le public le gratifie d'un bel éclat de rire. Carlos ronge son frein mais doit attendre une demi-heure avant qu'un créneau ne se représente. Il bondit alors et livre, comme toujours et à l'inverse de Montagné, son histoire avec un minimum d'effets : seules ses mains s'agitent au-dessus de la table et plantent le décor. À l'économie, mais avec une redoutable efficacité tant la concentration est forte. Le contraste est saisissant entre la masse du personnage et la légèreté des procédés de mise en scène qu'il emploie.

— C'est une histoire de naufrage qui se produit dans l'océan Pacifique. Il n'y a qu'un seul survivant. Le type réussit à nager pendant quelques heures et à atteindre une île déserte. Il rampe sur la plage et s'écroule. Lorsqu'il se réveille, il se rend compte que l'île est paradisiaque : il y a des palmiers, il fait chaud, des fruits pendent aux arbres. Et puis il aperçoit une masse qui flotte sur l'eau. Il s'approche et se rend compte que c'est un réfrigérateur, probablement venu du même naufrage. Il l'ouvre et voit qu'il y a douze bouteilles de très bon champagne rosé, du foie gras, du bordeaux. Puis il voit une espèce de barcasse qui s'échoue sur la plage. Une fille magnifique en descend, les vêtements en lambeaux, qui se jette à son cou tant elle est heureuse de constater qu'elle n'est pas la seule rescapée : « Ah ! monsieur, j'ai eu tellement peur ». Et c'est Claudia Schiffer ! Le type se présente : « Bonjour mademoiselle Schiffer, je m'appelle Antoine, je suis ingénieur à Londres et je suis enchanté de vous rencontrer. Voulez-vous une coupe de champagne ? — Je ne crois pas qu'il y ait ce genre de choses ici. — Mais si, tenez, regardez ». Ils boivent une bonne bouteille pour fêter leur rencontre, puis ils vont se baigner et visiter leur île qui est magnifique. Et, au bout d'un moment, arrive ce qui doit arriver... Ils font l'amour. Ils sont heureux, ils sont seuls, ils tombent amoureux et en profitent. Ça dure deux jours. Le matin du troisième jour, le type se réveille... et il fait la gueule. Elle lui demande : « Qu'est-ce que tu as mon petit loup ? — Rien... enfin, si... ça ne va pas. — Comment ça, ça ne va pas ? Qu'est-ce qui ne va pas ? On est tous les deux seuls et amoureux et ça ne va pas ? » Le type hésite, puis dit : « Eh bien... justement, il me manque quelqu'un... il me manque un copain, un ami. » Elle se fâche presque, puis, voyant que c'est sérieux et qu'il est au bord des larmes, elle se décide à lui dire « Bon, si tu veux, on va dire que je suis un mec et que je m'appelle Gérard ». Après un instant d'hésitation, il lève les yeux vers son nouveau copain et lui dit : « Gérard, tu ne vas sûrement pas me croire mais il faut que je t'en parle : devine qui je baise depuis trois jours ? »

De tous les éclats de rire qui secouent le théâtre, le plus sonore est celui de Montagné qui, beau joueur, félicite son rival... et s'élance à nouveau sur la piste aux étoiles :

— Une belle histoire d'humanité. C'est Noël. Un type sort d'un supermarché en poussant son caddy, chargé de victuailles. Il voit sur un parterre un autre type qui broute l'herbe à quatre pattes. Il s'approche et lui demande : « Mais... monsieur... monsieur, qu'est-ce que vous faites ? — Je broute l'herbe parce que je suis pauvre, je suis SDF et je n'ai rien à manger, les gens qui passent avec leurs sacs pleins de nourriture ne me donnent rien. Alors, même si c'est Noël, je suis bien obligé de manger de l'herbe ». Le type a l'air bouleversé par la déchéance du SDF et lui dit : « Mais monsieur, vous n'allez pas rester là comme ça le soir de Noël ! Non ce n'est pas possible... venez chez moi ! — Mais... je ne suis pas tout seul, je suis marié. — Ce n'est pas grave, au contraire, venez avec votre femme. — Mais...

ma femme et moi nous avons six enfants. — Six enfants? Mais ça ne fait rien! C'est Noël, venez à la maison avec vos six enfants, on va fêter ça tous ensemble! — Mais... il y a aussi mon grand-père, il y a la tante de ma femme et il y a le demi-frère de ma femme. — Et alors, venez tous! C'est Noël! — Mais... vous n'aurez jamais assez à manger pour nous tous! — Mais si! Chez moi, l'herbe est haute comme ça! »

De sa main droite tendue à hauteur de la taille, Montagné conclut son histoire et déchaîne les rires. Il regagne sa chaise sous des applaudissements nourris.

Trois heures d'affrontement à ce rythme pourraient fatiguer les nerfs des deux combattants si ceux-ci ne prenaient pas un évident plaisir à déclencher les rires autour d'eux : C'est leur bain de jouvence. Victoire de Carlos? De Montagné? Égalité? Quelle que soit sa décision, le lecteur aura compris qu'il doit ce festival d'histoires tordantes aux joyeux affrontements qui poussent les deux protagonistes à donner le meilleur d'eux-mêmes.

CHUT ! NE LE RÉPÉTEZ PAS

Il y a des histoires qu'on imagine mal sortir de la bouche d'une femme. Et pourtant. On peut être une femme et raconter des horreurs :

— C'est un grand type qui s'approche d'une prostituée et qui lui demande : « C'est combien ? » Elle répond : « C'est trois mille. » Lui, il précise : « Je te préviens. Je frappe. » Elle hésite : « Mais, tu frappes beaucoup ? — Oui, beaucoup. — Alors, ce sera cinq mille. » Ils montent dans une chambre d'hôtel et ils commencent à se déshabiller. La fille voit que le type qui enlève sa chemise est très très musclé, alors elle est un peu inquiète. Elle lui redemande : « Mais, dis-moi... tu frappes vraiment beaucoup ? — Oui beaucoup. » Comme elle est de plus en plus inquiète, elle redemande : « Et... tu frappes longtemps ? » Il répond : « Oui, longtemps... jusqu'à ce que tu me rendes les cinq mille francs. »

En fait, à écouter Macha Méril raconter ce qui précède, on réalise facilement que non seulement les femmes peuvent raconter aussi bien que les hommes certaines histoires, mais que, comme c'est le cas ici, certaines histoires gagnent à être distillées par une personne du beau sexe. La prestance, le raffinement, la classe de Macha Méril donnent une saveur particulière à l'exercice. « Ce qui est amusant, c'est qu'on imagine que je suis quelqu'un de très distingué et qu'on m'entende dire des cochonneries. » De son propre aveu, la comédienne se sent à l'aise dans cet emploi de femme du monde qui vient s'encanailler.

Au risque de se prendre au jeu parfois et de confier, emportée par cette ambiance fraternelle qui est propre aux *Grosses Têtes* et qu'elle dit tant aimer, des souvenirs intimes : « Je ne sais pas comment ils ont réussi à me faire raconter ça. Quand je pense que j'ai été entendue ce jour-là par des millions de personnes ! Un jour qu'on parlait d'histoires d'amour, j'ai raconté que, à vingt-deux ans, j'ai pris un train en direction du Midi. Il y avait dans mon compartiment un type plus âgé que moi et qui me faisait face. Il était très beau et nous avons eu une espèce de coup de foudre. Nous avons un peu discuté, puis nous nous sommes levés, nous sommes allés aux toilettes et nous avons fait l'amour. Il est redescendu du train à Toulon, moi à Nice, je n'ai eu que le temps d'apprendre qu'il était marin au long cours et que je ne le reverrai jamais de ma vie. » L'occasion est trop belle et la confession suscite immédiatement, de la part des autres invités, une série de questions pressantes et indiscrètes :

— Dans quelles positions avez-vous fait ça ? C'est pas grand des toilettes de train.

— Vous avez fait ça à l'arrêt en gare ou pendant que le train roulait ?

— Le contrôleur a frappé à la porte ?

— C'était pas trop gênant les odeurs ?

Sans regretter de s'être ainsi livrée, Macha s'est vite doutée que l'affaire n'en resterait pas là. De fait, aujourd'hui encore et probablement pour toujours, elle est, pour Bouvard, « la madone des sleepings ». À chaque fois qu'il est question de train dans le studio, des regards amusés se tournent vers Macha qui comprend qu'une fois de plus, elle va avoir droit à son couplet sur ses amours ferroviaires. Bonne pâte, l'actrice laisse ses camarades remettre le sujet sur le tapis. Elle est même la première à s'en amuser. Aux *Grosses Têtes*, on assume ses moments de faiblesse.

Parler des faits marquants ou simplement bizarres de sa vie à des millions d'auditeurs est chose courante aux *Grosses Têtes*. Premières amours, déboires conjugaux, problèmes de santé, préférences sexuelles, échecs professionnels... le confessionnal des ondes est ouvert à tous les sujets. Mais plus on se réfère à un souvenir cuisant, plus on fait rire.

La vie de Sim, à l'écouter parler, n'aurait été qu'une longue suite d'épreuves humiliantes :

— Moi, une fois je me suis retrouvé tout nu sur mon palier, un 14 juillet...

Mergault est là pour jouer les ingénues et perturber Sim qui jubile à l'avance de l'effet que produira sa petite histoire :

— Qu'est-ce que tu faisais nu sur ton palier ?

— Mais je ne l'ai pas fait exprès, bien sûr. J'étais en train d'éplucher mes pommes de terre et...

— Sur ton palier?

— Non, attends, laisse-moi finir. C'était en plein été et il faisait chaud. Donc j'étais nu dans ma cuisine et j'épluchais mes patates. Au moment où j'ai fini, je suis allé à ma porte parce que le vide-ordures se trouvait sur le palier, à un mètre de ma porte. J'ai ouvert ma porte et j'ai regardé à droite et à gauche : personne. Je me suis dit : « Vas-y, tente le coup. » J'avance et là il y a un courant d'air, et paf! La porte se referme derrière moi. Je me suis retrouvé avec mon petit canif à la main.

L'ambiguïté du « petit canif » fait sourire les invités, qui explosent lorsque Sim tire la moralité de son histoire :

— Croyez-moi, trouver un serrurier un 14 juillet alors qu'on est tout nu, c'est pas facile.

Comme souvent, le premier qui s'est jeté à l'eau déclenche un mouvement général. Carlos surenchérit :

— Moi, je me suis retrouvé tout nu dans un ascenseur à New York. Et dans mon lit en plus.

Autour de lui, on fronce les sourcils. S'agit-il d'une blague? Était-il seul dans l'ascenseur?

— Non, c'est véridique et j'étais seul. C'était il y a vingt ans, j'étais à New York avec un copain et on était descendus à l'hôtel Pierre. On avait nos chambres au vingt-neuvième étage. Une fois, on est rentrés à cinq heures du matin après avoir fait la java toute la nuit. J'étais tellement fatigué que je me suis écroulé à poil sur mon lit et que je me suis endormi tout de suite. Mon copain qui était dans la chambre voisine m'a entendu ronfler. Il est venu dans ma chambre et en voyant qu'il y avait des roulettes sous les pieds de mon lit, il a eu une idée. Il a poussé doucement mon lit hors de ma chambre jusqu'à l'ascenseur. Il m'y a fait entrer et ce con a appuyé sur le bouton. Et je suis descendu jusqu'au rez-de-chaussée, toujours endormi. Il ne s'est rien passé pendant un quart d'heure. Et puis deux vieilles Américaines qui rentraient de java aussi ont voulu prendre l'ascenseur et ont vu les portes s'ouvrir sur un lit et un jeune homme nu, même pas recouvert d'un drap! Elles se sont mises à pousser des cris, tout excitées ! Elles ont pénétré dans l'ascenseur et ont appuyé sur le bouton. Je me suis réveillé avec l'impression que ma chambre montait et qu'il y avait deux dames que je ne connaissais pas qui y étaient entrées. De toute ma vie, je n'ai jamais eu un réveil aussi effrayant! Mais elles ont été sympas : elles m'ont déposé en passant à mon étage.

Dans le studio, on pleure de rire. Carlos ajoute un petit épilogue :

— Quand je suis revenu à l'hôtel Pierre quinze ans plus tard, le directeur de nuit de l'époque, qui était devenu directeur tout court, m'a reconnu tout de suite. Il m'a dit : « Ah! vous êtes l'homme de l'ascenseur. »

L'improvisation étant la règle aux *Grosses Têtes*, il suffit d'un petit rien pour faire surgir un souvenir drolatique dans la mémoire d'un invité. Une question portant sur les usages de la table et à laquelle Sim, avec une satisfaction non dissimulée, a répondu juste fait réagir Jacques Balutin. Il toise son ami et lui lance :

— Toi et le savoir-vivre pourtant... Tu te souviens? La gueule dans le potage?

Sim sourit. Il se souvient, mais il minaude :

— Je t'en prie, Jacques, ne me rappelle pas des souvenirs pénibles.

Autour d'eux, on est intrigué. Balutin, sans trop se faire prier, crache le morceau :

— On était ensemble, ici à RTL, aux *Grosses Têtes*. On fait l'émission et en sortant on part rejoindre nos bonnes femmes dans une brasserie pas trop loin pour manger. On s'installe. Nos deux épouses étaient sur la banquette en face et Sim à ma droite. On commande et on commence à manger en papotant. À un moment, on se met à parler d'un autre copain qui venait d'avoir un infarctus. Et là, mon Sim tombe la gueule la première dans son potage ! Moi, je pleure de rire et en même temps je l'engueule : « Arrête de déconner, il faut toujours que tu en fasses des kilos, tu vas tacher ta chemise. » Mais mon Sim ne se relève pas. Alors là, j'ai vraiment cru qu'il avait fait un infarctus et du coup j'ai failli, MOI, réellement crever de peur ! On l'a transporté dehors et on l'a allongé sur le trottoir. En fait, il s'était juste évanoui à cause de la chaleur. Mais j'avais vraiment cru qu'il blaguait au début.

Balutin s'interrompt et se tourne vers Sim pour conclure :

—En tout cas, tu sais, tu étais vraiment très drôle avec la tête dans la soupière.

Sim boit les paroles de Balutin et enchaîne :

— Oui, j'ai regretté de ne pas être là pour voir ça.

Ce calamiteux repas lui a permis de faire resurgir de sa mémoire ce qui est peut-être la plus belle de toutes ses anecdotes, une des plus célèbres en tout cas : celle dite du « repas à l'Élysée ». Un véritable conte burlesque que Sim détaille avec toutes les ressources de son talent : mimiques et imitations des voix des différents protagonistes.

— A l'époque, c'était sous René Coty, Jean Nohain s'était arrangé pour me faire engager pour l'arbre de Noël des enfants du personnel du palais de l'Élysée. Et avant le spectacle, il y avait un repas pour les artistes avec le Président et sa femme et moi j'avais un trac pas possible de me retrouver à la même table que le président de la République. J'étais en bout de table et arrive le moment du dessert. C'était des oranges givrées. On m'en sert une et là, impossible de la couper! J'ai beau essayer, pas moyen de l'ouvrir, je m'énerve et j'appuie un peu trop fort et Zou! l'orange file droit dans la bibliothèque qui était à ma droite et disparaît derrière les livres. Je regarde la tablée et je constate que personne n'a rien remarqué : tout le monde écoute et fixe Jean Nohain qui est à l'autre bout de la table. Je me dis qu'il m'a sauvé du ridicule. Je me fais le plus petit possible, mais Mme Coty se rend compte que mon assiette est vide et me dit : « Oh! monsieur Sim, je vois que vous aimez les oranges givrées, en voulez-vous une autre? » Je marmonne que oui, j'aime les oranges givrées mais que non, je n'en veux pas une autre. Mais je sens bien au regard de Nohain et du président Coty, que le fait qu'il n'y ait pas de peau d'orange dans mon assiette les intrigue terriblement. Heureusement, on nous dit de passer au salon pour le café. On y va tous mais moi je n'avais qu'une idée en tête : faire en sorte qu'on ne découvre pas, dans un mois, une orange pourrie parmi les beaux livres de l'Élysée. Je m'éclipse discrètement, je récupère cette saloperie d'agrume, je la fourre dans ma poche et je demande où sont les toilettes. J'y vais et je la jette dans la cuvette. Je tire la chasse et là c'est la catastrophe, elle ne coule pas. Elle reste bloquée. Je tire, je retire, je reretire. Rien à faire. À ce moment-là, on frappe à la porte et j'entends la grosse voix de Jean Nohain qui me demande si je vais bien. Je panique encore plus et je tire comme un forcené sur la chasse d'eau. L'orange ne bouge pas. Nohain s'impatiente encore plus et au bout d'un moment, il faut bien que je sorte. Nohain se précipite à l'intérieur, voit l'orange, se souvient qu'il n'a pas vu la peau dans mon assiette et me dit : « Vous voyez, mon petit, quand on ne mâche pas, ça ne passe pas ».

Autre déception à caractère professionnel, Jacques Martin a confié un jour avoir connu un problème au cours d'un enregistrement d'une *École des Fans* :

— J'étais en train d'interviewer un petit garçon et comme à chaque fois, je lui demande s'il est venu accompagné. Il me dit que oui et je lui demande avec qui. « Je suis venu avec ma maman et monsieur Jo. » Alors je lui demande qui est M. Jo, et lui il répond : « C'est le monsieur qui couche avec maman quand papa est au restaurant. » Et la maman et ce M. Jo, qui étaient dans la salle, ont eu un geste invraisemblable : ils ont levé leurs bras pour cacher leurs visages, ce qui les accusait encore plus. J'ai dû, pour la première fois de toute ma carrière, couper au montage, je ne voulais pas déchaîner la colère du cocu.

Questionnée sur le volumineux courrier qu'elle reçoit de ses nombreux admirateurs, Evelyne Leclercq reconnaît volontiers qu'elle y découvre souvent des lettres d'amour.

— J'ai beaucoup de propositions avec photos et mensurations de l'expéditeur... le problème, c'est la photo. Il y a des messieurs qui m'expliquent qu'ils veulent faire leur vie avec moi.

Philippe Bouvard s'intéresse :

— Vous n'avez jamais reçu de lettres un peu...

Il hésite. Balutin est moins pudique :

— Bien dégueulasses ? C'est ce qu'il voulait dire.

— Non ! Non ! C'est en général romantique et respectueux. J'en recevais déjà beaucoup quand j'étais speakerine à la télévision... Il y en avait même qui m'attendaient à la sortie des studios et qui me suivaient en voiture pour savoir où j'habitais. Et comme à l'époque je ne vivais pas très loin d'un commissariat de police, j'allais directement au commissariat avant de passer chez moi et je disais aux policiers en montrant le type : « J'ai une livraison pour vous. »

Ce genre de confidence fait hurler de rire l'assistance. Mais pas Balutin qui semble déçu :

— Et moi, après chaque émission, je sors et je reste sur le trottoir. Et RIEN. Il ne se passe rien et Dieu sait si j'attends.

Autre confidence, mais plus intime cette fois, celle livrée par Carlos à Isabelle Mergault et à la France entière. Ce jour-là, Mergault note le diamant qui orne l'oreille de Carlos et lui demande s'il s'agit d'un vrai.

— Oui, bien sûr.

Puis hésitant :

— C'est une jeune fille qui me l'a offert.

Réponse déçue de Mergault :

— Elle est radine ta jeune fille, elle aurait pu t'offrir la paire entière quand même.

Carlos sourit et, d'un air entendu :

— Non, la paire, c'est moi qui la lui ai offerte.

Même les *Grosses Têtes* les plus pudiques acceptent, si l'ambiance s'y prête, de vider leur sac. Jean Dutourd vit ainsi avec le remords d'une mauvaise blague. D'une mauvaise blague qu'il n'a jamais osé faire, mais qui semble le tenailler.

— Souvent, avant les élections à l'Académie, on vient me voir pour solliciter ma voix et le peu d'influence que j'ai auprès de mes pairs. C'est assez ennuyeux de recevoir tous ces gens. Alors, parfois, je l'avoue, je suis tenté, au moment où ils s'apprêtent à repartir, de leur faire une bonne blague. J'ai envie de les prendre par le bras et de leur dire à voix basse : « Dites donc mon cher, avant de partir, pardonnez-moi de vous demander cela mais je suis un petit peu serré en ce moment... Vous n'auriez pas cinq mille francs à me prêter? Mais rassurez-vous, je vous les rendrai. »

Ce genre de confidence vaut bien sûr à son auteur des encouragements à réaliser son phantasme. De fait, Dutourd admet qu'il est persuadé que certains des prétendants s'exécuteraient de bonne grâce.

— Je suis sûr que ça marcherait. Mais, le plus beau, ce serait de réussir ce que ma femme veut faire... Elle souhaite leur demander de nettoyer les vitres de nos fenêtres. Ça, pour le coup, ce serait vraiment formidable !

PROPOS À NE PAS METTRE ENTRE TOUTES LES OREILLES

« Dites tout ce qui vous passe par la tête » : cent fois prodigué aux nouveaux arrivants, le conseil se révèle dangereux à l'usage. Aux *Grosses Têtes*, l'improvisation est une arme à double tranchant. Chacun guette les dérapages de son voisin et nombreux sont ceux et celles qui se sont un jour mordu les lèvres d'avoir choisi un sujet de conversation qui s'est immédiatement retourné contre eux, pour le plus grand plaisir des auditeurs.

Classée bonne première au hit-parade des personnalités mises sur la sellette pour cause de propos outranciers : Claude Sarraute, journaliste au *Monde*, fausse ingénue ayant le sexe pour seul sujet de conversation, habituée à parler beaucoup et parfois pour dire des choses qui auraient pu lui valoir des ennuis avec certains de ses concitoyens si les techniciens de RTL n'avaient pris l'habitude de couper au montage les rumeurs sur le Tout-Paris qu'elle colporte. Énergique, bavarde, pétulante, toujours prête à régurgiter à l'antenne les sujets ordinairement traités dans les magazines féminins et dans les pages « faits divers » des quotidiens, elle a su déchaîner contre elle les mises en boîte les plus drôles avant d'en rire elle-même. Preuve que le personnage n'est pas insensible à l'autodérision.

— C'est une histoire vraie qui s'est passée à Taïwan. C'est une femme qui était furieuse contre son mari. Qu'est-ce qu'elle a fait? Elle lui prend la quéquette et...

Le mot écorche les oreilles de Jacques Martin qui s'offusque :

— Oh!

Bouvard, toujours soucieux d'apaiser son auditoire, se fend d'un pieux mensonge :

— C'est un mot chinois.

Lancée, Claude Sarraute n'a pas l'habitude de se laisser arrêter par qui que ce soit :

— ... et elle, avec le couteau à pain : Tchac! D'un coup, elle lui tranche le sexe.

Zitrone, en bon journaliste attaché à recueillir des informations précises et détaillées, cherche à en savoir plus :

— En combien de tranches?

Sarraute poursuit sans répondre :

— Et tu sais ce que le type a fait?

On ne sait pas encore mais on s'attend au pire.

— Eh bien, il s'est immédiatement fait transporter à l'hôpital et il a eu une chance inouïe, il a bénéficié d'une greffe grâce à un monsieur qui venait de se la faire enlever pour devenir une dame!

S'ensuit un moment de flottement pendant lequel les autres invités hésitent entre l'effarement et la franche rigolade. Kersauson, qui croyait avoir tout vu et tout entendu au cours de ses croisières maritimes et herziennes, demeure bouche bée. Martin décide de jouer l'étonné :

— C'est pas vrai ?

— Je te jure ! Et l'opération s'est admirablement passée !

Bouvard, qui vient de réussir à contenir son fou rire, relance son invitée :

— Et on lui a greffé les deux ?

— Non. Une seule.

— Pourtant, en avoir une de secours, parfois...

Pratique, Daniel Ceccaldi a, lui aussi, une suggestion intéressante à formuler :

— L'une au bout de l'autre, ce serait pas mal.

Bouvard revient à la charge :

– Moi, je connaissais un type qui s'était fait greffer un cou de poulet.

Sarraute pouffe de rire et commente :

— Dis donc, ça devait avoir une drôle d'allure quand même.

Bouvard, qui n'attendait que la réaction de son invitée pour livrer sa chute, conclut :

— Ça ne marchait qu'avec les poules.

Le public, passionné par ce colloque chirurgical, se tient les côtes. Jamais avare de surenchère, Jacques Martin a, lui aussi, un cas à soumettre :

— Et moi j'ai connu un type qui s'était fait greffer une trompe d'éléphant.

Doctoral, Martin ajoute un commentaire à son intervention :

— Très efficace... dans les cocktails pour faucher les cacahuètes.

Au milieu des rires, la voix de Kersauson surgit pour une conclusion indispensable :

— Un seau d'eau froide pour Mme Sarraute, s'il vous plaît.

Rabrouée, rembarrée, mais jamais silencieuse, Claude Sarraute n'est pas une seule fois venue à l'antenne de RTL sans apporter avec elle un florilège de petites histoires édifiantes ; au fil des années, ses camarades ont pris l'habitude de l'attendre au tournant. Une attente rarement déçue puisque, même lorsque l'humeur de l'éditorialiste du *Monde* est à la méfiance, les thèmes des questions sélectionnées pour la séance suffisent en général à déclencher la verve de cette invitée toujours tentée d'endosser son costume de superconcierge :

— Quel don l'homme marié ne peut-il faire qu'avec l'accord de son épouse ?

— Le sperme.

— Oui ! Exactement, c'est le don de sa semence, bonne réponse de l'Amiral.

Victorieux mais modeste, Olivier de Kersauson ne laisse pas le temps au public de l'applaudir et précise :

— Enfin... Il peut la donner souvent et ailleurs que dans une banque du sperme... mais dans ces cas-là il faut pas le dire à sa femme.

Sarraute ne réagissant pas, Philippe Bouvard se tourne vers les invités mâles, seuls concernés par la question qu'il pose :

— Vous avez déjà donné à une banque ?

Jacques Martin et Jean Yanne se retrouvent à l'unisson :

— Non, mais à une banquière oui !

Communicatifs, les rires du public qui secouent le studio brisent la résistance de Sarraute. Elle oublie illico qu'elle s'avance en terrain miné et se découvre. Elle ouvre la bouche, l'assistance fait silence. Une fois de plus, elle va le regretter :

— Il faut pas donner à une banque. C'est pas intéressant. Il faut donner à un gynéco. Il insémine ses clientes avec, et là on gagne bien.

Martin s'esclaffe :

— « Il insémine ses clientes avec. » Elle est impayable !

Puis, imitant l'accent rural d'un maquignon, Martin roule les « r » :

— On va t'emmener chez l'gynéco, il va te mettre grosse !

Reprenant la voix du propriétaire de bêtes à cornes, Kersauson se charge du rôle du vétérinaire et organise l'insémination artificielle :

— Allez, viens-là, la Sarraute. Hue-là ! (*À Martin.*) C'est vous le mari ? Passez-lui le licol, nom de Dieu ! Tenez-lui les pattes de devant, qu'elle remue pas. Ah ! elle est point assez chaude, faut mettre de l'huile ! Ah ! elle va nous faire un beau petit !

Ainsi harnachée, Sarraute pleure de rire mais soutient mordicus son affirmation :

— N'empêche, moi je connais plein de jeunes gens qui se font de l'argent de poche comme ça. Surtout des étudiants en médecine. Tu sais, quand tu es étudiant tu es souvent fauché et...

Bouvard ne lui laisse pas le temps de défendre sa cause :

— Ça n'est pas de l'argent de poche, c'est de l'argent de braguette.

Kersauson précise :

— Mais c'est de l'argent de poche pour lequel il faut quand même débourser.

L'insémination étant visiblement un sujet propice aux rires, Bouvard fait mine de prendre au sérieux les propos de son invitée et la réactive :

— Et c'est bien payé ?

— Ah ! oui ! bien, très très bien.

— Mais c'est payé à quoi ? Au centilitre ?

— Non, non. À la...

Sarraute cherche le bon terme. Kersauson vient à son secours :

— À la saillie ?

Elle rit et confirme :

— Voilà !

Jean Yanne, qui s'est tu jusque-là pour laisser la place à ses brillants compères, entre dans la conversation en questionnant Sarraute :

— C'est payé plus cher si c'est Olivier de Kersauson le donneur ?

— D'habitude, c'est des jeunes gens.

L'Amiral, sans se vexer de la remarque, se saisit de la perche que lui tend Yanne et brode :

— Moi je vends au privé seulement. Jacques Martin et moi on a une affaire qui s'appelle « World Insemination Corporation ». Et on est « sexe-secours ». Parfois on va tirer à Djakarta, New York, Rio de Janeiro...

Martin interrompt l'énumération géographique et, sur le

ton de la confidence, apporte le point d'orgue à cette session délirante :

— Je peux le dire parce que dans le fond je cite pas de noms, mais je suis fournisseur officiel de la famille d'Angleterre. Sur tous mes caleçons, il y a écrit : « By appointment to Her Majesty the Queen ».

C'est l'explosion. Lorsque les rires s'apaisent, Kersauson se tourne vers Claude Sarraute et se remémore à haute voix ce qui a déclenché toute l'affaire :

— « Il insémine ses clientes avec. » C'est cela, oui. Encore un cognac, maman ?

Hilare, l'éditorialiste ne se vexe pas. Autour d'elle, chacun se demande si ce qu'elle dit n'est pas délibérément provocateur : elle semble prendre tant de plaisir à être chahutée.

Si le sexe, sujet sensible, occasionne facilement des désagréments à celle (ou celui) qui l'aborde sans le sérieux et la rigueur scientifique nécessaires, rien d'étonnant à ce que l'ésotérisme, la parapsychologie donnent lieu, eux aussi, à des remontrances de la part des invités portés sur le rationalisme. Evelyne Leclercq, pour n'avoir pas su admettre cette évidence, s'est souvent placée dans des situations inconfortables.

— Profondément touché par la disparition tragique de sa fille, il eut recours au spiritisme et conversa régulièrement avec Eschyle, Molière, Luther et Shakespeare. De qui s'agit-il ?

Fin lettré, Olivier de Kersauson est le premier à donner la bonne réponse, coiffant au poteau Jacques Martin d'un petit dixième de seconde. C'est Victor Hugo. On se tourne vers Evelyne Leclercq, dont on connaît le goût pour le paranormal. Elle ne réagit pas. Bouvard la presse :

— Vous y croyez, vous, Evelyne, au spiritisme?

— Beaucoup, oui. Non seulement j'y crois, mais ça EXISTE!

Le dernier mot a été dit fermement, avec tout le calme d'une fidèle en laquelle le doute n'a pas place. De fait, on ne la fera pas changer d'avis, mais on lui fera peut-être regretter de l'avoir donné :

— Vous faites parler les tables?

Macha Méril, soucieuse de ne pas laisser croire que le rationalisme est exclusivement masculin, préfère d'emblée prendre ses distances vis-à-vis de sa consœur :

— Non, elle fait tourner les manèges.

On rit avant de retourner à l'assaut d'Evelyne :

— Vous avez déjà mis vos mains sur une table? Et ça bougeait?

Combative, Evelyne réaffirme son credo, mais se doute bien qu'on ne l'épargnera pas :

— Oui. Non seulement la table, mais les verres et les assiettes : tout bouge.

Jean Yanne, placide, lent à démarrer devant un micro mais toujours prêt à enclencher, par le pastiche ou le second degré, les mécanismes du non-sens, met le premier bémol à l'assurance d'Evelyne :

— Moi, dans l'avion, au décollage, j'ai souvent fait ça. Je mets les mains sur la tablette et tout bouge dis donc. Je me prends le plateau-repas sur les genoux.

Kersauson n'en pense pas moins mais, s'adressant à l'animatrice spirite, se contente d'une allusion grivoise :

— Ça bouge pas plus quand tu mets les mains sous la table ?

Dans ces cas-là, Evelyne Leclercq rit de bon cœur... mais ne répond pas. Bouvard la remotive :

— Lors des expériences auxquelles vous avez participé, avec qui entriez-vous en communication ?

Ce deuxième sous-entendu échappe à Evelyne Leclercq qui y répond sans méfiance mais un peu confusément :

— Alors là, je n'ai pas de jugement à ce sujet. Bon, ce qui est sûr, c'est que la table répond. On pose des questions et elle tape.

Cette fois Kersauson s'en prend à Philippe Bouvard :

— Vous n'avez pas honte de torturer cette fille à laquelle il manque la moitié du cerveau ?

À ce stade de la discussion, Yanne, moins emporté, plus constructif que l'Amiral, décide de prendre l'affaire en main. Il croise les bras et, posément, presque paternel, questionne Evelyne :

— Il dit bien son nom quand même le gars qui tape ?

— Oui, il répond mais...

C'était un piège. Yanne l'interrompt, le temps d'improviser une conversation entre un pratiquant du spiritisme et un esprit :

— « Esprit es-tu là ? Comment t'appelles-tu ? — Je m'appelle Maurice Boulard, 147, avenue Simon-Bolivar, deuxième étage gauche. — Est-ce que tu as Victor Hugo à côté de toi ? »

Yanne, incarnant l'esprit questionné, hurle son étonnement :

— « QUI??? »

Il laisse un temps mort, le public qui a, lui aussi, hurlé (mais de rire) s'apaise. Yanne reprend et commente sa prestation :

— Le mec, il sait pas. Il n'y pas de raison qu'il connaisse Hugo. Ils sont pas tous ensemble dans l'autre monde. C'est pareil qu'ici.

Evelyne n'a pas dit son dernier mot, mais, encore secouée de spasmes hilares, s'exprime encore moins clairement que tout à l'heure :

— Non, non! Mais là je n'ai pas d'explication au niveau des réponses. Je pense qu'on peut faire dire ce qu'on veut aux objets.

Yanne, lancé, semble parti pour le grand chelem :

— Tu parles! Et pendant ce temps-là, Einstein attend qu'on l'appelle pour taper sur la table.

Nous sommes au royaume de la démonstration par l'absurde. Parce qu'un exemple vécu vaut mieux qu'un long discours, Yanne, généreusement, en livre un :

— Il m'est même arrivé parfois de me trouver avec des nénettes dans des appartements, et alors, c'est la porte qui se met à cogner. Moi je demande : « Mais quel est cet esprit? » Et lui, il répond : « Son mari. »

Macha Méril pleure de rire, Bouvard suffoque, Kersauson se délecte des paroles de Yanne. Personne ne songe à intervenir : lorsqu'il est en verve comme aujourd'hui, on lui laisse volontiers la place. Il fournit la morale de sa petite histoire :

— Dans ces cas-là, ça s'appelle un esprit frappeur.

Telle Jeanne d'Arc sur le bûcher, Evelyne Leclercq réaffirme sa foi, d'une voix rendue plus vibrante et plus passionnée par la contradiction :

— Et je tiens à dire que les gens qui sortent de leur corps, ça EXISTE ! Ce sont des choses qui sont VRAIES ! Ils sortent de leur corps et ils le voient en se retournant.

La contre-attaque, loin de clouer Jean Yanne sur place, le déchaîne. Il feint de venir au secours de la fanatique :

— Ben oui, c'est sûr. Moi je marche bien à côté de mes pompes. Moi, plusieurs fois, je suis sorti de mon corps. C'est généralement vers trois ou quatre heures du matin. Des fois je me vois chez Castel, assis, avec un verre à la main. Je plane, comme ça. Je me dis : « C'est moi qui suis là en train de parler avec mes copains ? »

Kersauson, hoquetant, trouve la force de confirmer :

— En train de parler avec moi, je te signale. C'est vrai que je t'ai souvent vu planer.

Subitement ramené à la réalité par l'intervention de son ami, Yanne sort de ses visions délirantes. Il le regarde et rit en confirmant :

— Des fois, je lui dis : « Dis donc, c'est pas toi qui es assis à côté de moi, là, en ce moment ? » Nous, on est complètement sortis de nos corps dans ces moments-là.

On vient de voir que, dans le grand studio de la rue Bayard, défendre ses convictions attire les pires ennuis. Il existe cependant un type de situation bien plus inconfortable encore : incarner, personnifier un sujet de moquerie. Pendant des années, Rika Zaraï a participé au grand charivari de RTL. Elle y venait avec son statut de grande prêtresse de la diététique et des bains de siège. Elle y déployait toutes les ressources d'un politicien en campagne, toujours prête à parler de ses livres et de la gamme de produits alimentaires biologiques que son usine du Maine-et-Loire fabriquait. Une position qui lui a valu bien entendu les foudres comiques de ceux et celles que le recours à l'eau froide et aux légumes verts ne satisfait pas pleinement.

Évoquant le comportement alimentaire et le fessier de la dame, Kersauson a eu un jour la goujaterie d'affirmer qu'elle était, à sa connaissance, la seule végétarienne qui ait réussi à transformer des légumes en autant de viande. On s'est également servi de l'antenne pour colporter l'infamante rumeur selon laquelle, à la pause de midi, Rika Zaraï, foulant aux pieds les droits les plus élémentaires du monde ouvrier, demandait à ses employées d'aller manger le gazon de la pelouse directoriale. À toutes ces méchancetés, Rika Zaraï riait, redoublant d'ardeur promotionnelle. Malheureusement pour elle, ses tentatives publicitaires étaient systématiquement coupées au montage. Ce qui ne l'empêchait pas de revenir, d'une semaine sur l'autre, pour descendre bravement dans l'arène.

En l'honneur de Rika, Jacques Martin avait le premier lancé un gag vite devenu leitmotiv : il suffisait d'attendre la présentation des invités rituellement donnée en début d'émission par le maître des lieux, et de s'écrier à la cantonade :

— Elle est belle, elle est fraîche, ma Rika !

Parfois, comme pour une mise en jambes censée préparer l'épreuve, on commençait l'émission en improvisant un petit dialogue opposant un vendeur de fruits et légumes en train de faire l'article et un acheteur indécis :

— Comment ça, elle ne vous plaît pas ma Rika ?

— Ben... elle est un peu flétrie.

— Flétrie ? Flétrie ! Vous plaisantez, elle arrive directement du Maine-et-Loire par camion ! Tâtez voir.

— Elle a dû prendre trop le soleil, elle est toute fripée. Regardez-la vous-même, elle est de toutes les couleurs.

C'est encore Jacques Martin qui s'est un jour chargé de lire à l'antenne un passage significatif d'une toute nouvelle œuvre de la chanteuse, un recueil de recettes de cuisine dans lequel la diététique s'alliait, selon Rika, à la gourmandise.

— Alors je prends ton bouquin et je l'ouvre au hasard.

Rika Zaraï sourit mais garde les dents serrées. Elle est venue avec son livre pour qu'on en parle mais se doute que Martin ne va pas lui offrir ses services innocemment et sans une réjouissante contrepartie :

— Faites détremper dans l'eau froide la veille...

Martin écarquille les yeux et se penche sur le volume :

— ... six kilos de foin. Mettez des pelures de potiron, de la graine de moutarde...

Martin fait semblant de buter sur le déchiffrage des caractères :

—... émincez la chair d'un enfant de quatre ans que vous aurez pris soin d'ébouillanter. Pelez et faites-vous émincer l'oignon par un copain... Ohh !

Seul dans le public à ne pas rire, l'impresario et mari de Rika, tolérant lorsqu'on se moque de sa femme, accepte difficilement que l'on s'en prenne aussi au commerce familial. Martin n'en a cure :

— Faites chauffer l'huile d'olive, mettez dans une bassine, trempez-vous les fesses dedans, faites-vous suer l'oignon cinq minutes. Trempez le poireau de votre copain... Oh ! la vache !

Kersauson commente :

— Ce genre de bouffe, si tu la files à une vache laitière, elle arrête de te donner du lait.

Martin conclut en regardant la couverture de l'œuvre :

— C'est répugnant !

À partir de ce jour-là, à chaque fois que l'Amiral voudra s'en prendre à la « pondeuse de best-sellers », il ressortira son refrain favori :

— Rika, tu écris des livres, on les lit à l'envers, et on comprend.

Lorsqu'elle dépasse la mesure en vantant les mérites du thym, auquel elle prête la divine vertu de combattre *en même temps* les insomnies et la fatigue, Martin et Kersauson se lancent dans une hallucinante énumération d'indications pharmaceutiques :

— Ça soigne aussi le cancer du foie, la myxomatose...

— ... l'impuissance, le phylloxera, les charges de CRS, les attentats contre le pape et contre Reagan...

— ... les tremblements de terre, l'ongle incarné, les pertes de mémoire, les pertes tout court...

— ... l'acné juvénile, les maladies honteuses et les hémorroïdes !

À l'évocation de ce dernier inconvénient, Rika reprend

la parole pour proposer un autre produit du potager, très efficace. Martin et Kersauson se regardent. Elle est coriace. Indéracinable. Ils décident de procéder autrement : à partir de ce moment, ils prétendront que Rika Zaraï est morte, empoisonnée par ses propres herbes. Martin, à mi-voix, comme on parle à un enterrement, interroge l'Amiral :

— Vous l'avez bien connue ?

— Oui. Enfin, je n'ai jamais rien eu de sexuel avec elle. De toute façon pour en approcher, il fallait une fourche.

— Ah oui ?

— Oui, pour enlever l'herbe qu'il y avait autour.

Kersauson laisse le public rire et reprend :

— Les ouvrières de son usine se sont cotisées... Pour l'empailler.

— Oui, avec ses herbes. Ça leur fera un souvenir. Ah ! elle nous manquera, Rika.

— Vu le prix du sachet d'herbe, et comme il y a cent grammes par sachet à seize balles, pour empailler Rika qui fait huit mètres cubes, faites le calcul.

Martin, pouffant de rire, conclut :

— C'est un problème que j'ai eu au certificat d'études.

LE MOT DE LA FIN. PROVISOIREMENT...

Chaque jour, de 16 h 30 à 18 h 00, près de trois millions d'auditeurs, à domicile ou en voiture, ont rendez-vous avec la bonne humeur et le rire.

L'inattendu est toujours au programme : une jeune actrice pousse une chansonnette ordurière, un comique gronde un académicien coupable d'en avoir raconté une un peu trop grasse, le même académicien félicite ledit comique d'avoir apporté la bonne réponse à une question portant sur une caractéristique du langage papou, un amoureux des arts de la table conspue *via* les ondes tout ce que la France compte de suppôts de la cuisine industrielle, une naïve se débat au milieu de trois sournois, ces derniers se font clouer le bec la semaine suivante, un imitateur particulièrement féroce voit un de ses sujets de caricature lui demander humblement de l'incendier, un homme à femmes, soudain frappé de timidité, se défend tant bien que mal des assauts de trois prétendantes, un écrivain reconnaît le plaisir qu'il prend à regarder une série télévisée particulièrement bête, un chanteur déçoit ses fans en butant sur les paroles du titre qui a lancé sa carrière quinze ans auparavant, un politicien évoque le trouble dans lequel le plongeait la vue des jambes d'une actrice américaine des années 30... Tous ces instants d'improvisation, de dérapages, sont mêlés à des démonstrations de parfait professionnalisme comique. L'académicien papote avec le saltimbanque. Les caractères les plus opposés s'accordent tandis que les semblables s'affrontent. Les blagues de comptoir côtoient les bons mots des plus exquises marquises du XVIIIe siècle. *Les Grosses Têtes*, c'est le mariage toujours réussi des contraires les plus éloignés.

Qu'ils soient détonants ou simplement amusants, tous ces moments, mis bout à bout, ont fini par repousser les limites de l'entendement : 300 000 minutes de diffusion sur l'antenne de RTL, concoctées au cours de 120 000 fastidieuses heures de montage ayant nécessité 7 000 kilomètres de bandes magnétiques. A tous ceux que ces chiffres font défaillir, on donnera le coup de grâce en précisant que, pour ce montage, 20 kilomètres de collant ont été utilisés à ce jour. Plus d'un million de personnes ont assisté aux enregistrements et ont pu réfléchir, avec les quelque 500 invités, aux 150 000 questions posées par des auditeurs qui ont envoyé 3 millions de lettres et se sont partagé, en vingt ans, des gains s'élevant à près de 2 500 000 francs.

Si elle n'était pas aussi réjouissante, on pourrait penser que cette émission a quelque chose de monstrueux : telle l'hydre de Lerne, il lui pousse sans cesse de nouvelles têtes. Des disques tout d'abord ; une quinzaine dont deux, devenus « disques d'or », sont allés propager la bonne parole comique dans les foyers en dehors des heures dévolues à l'antenne. Puis sont venus les livres, chargés de fixer par l'écrit les bons mots lancés dans le feu de l'action. Enfin l'émission s'est imposée à la télévision, et a trouvé, là encore, son public. Un public tout aussi fidèle puisque l'émission pulvérise à chaque diffusion le record d'audience qu'elle avait elle-même battu précédemment : rassembler, comme ce fut le cas, près de 12 millions de téléspectateurs, est un exploit. Ajoutons que l'émission aborde avec confiance l'ère du multimédia puisque les utilisateurs d'Internet peuvent depuis peu où qu'ils se trouvent dans le monde, écouter les meilleurs moments des joutes oratoires de RTL et en consulter les archives sonores. L'aventure continue. Son chef d'orchestre va-t-il « en prendre » encore pour 20 ans ? C'est tout le mal qu'on lui souhaite.

TABLE

IMPRIMÉ EN FRANCE PAR BRODARD ET TAUPIN
1702X – La Flèche (Sarthe), le 05-01-2000
Dépôt légal : janvier 2000

POCKET – 12, avenue d'Italie - 75627 Paris cedex 13
Tél. : 01.44.16.05.00